韓國金石文集成(35)

高麗19 金文 및 기타(解說篇)

蔡雄錫 編著

韓國國學振興院
青溟文化財團

목 차

2. 古弥縣西院鐘

1) 解題

963년(광종 14)에 만들어진 동종으로서, 현재는 일본 히로시마현(廣島縣) 다께하라시(竹原市) 쇼렌지(照蓮寺)에 소장되어 있다. 종의 크기는 높이가 60.9cm, 입지름은 41.4cm이다.

용뉴와 음통 상부는 결실되었다. 천판 둘레에 肩帶를 배치하였고 四葉花形 무늬의 半圓圈과 연주무늬로 장식한 상·하대, 소용돌이형상의 당초무늬로 장식한 4좌의 유곽, 連珠·연꽃·당초무늬로 장식한 2좌의 당좌, 당좌 사이에 배치한 2구의 비천상 등을 구비하였다.

명문에서 古弥縣은 본래 백제 때 부르던 이름으로서, 현재의 전라남도 영암군 始終面 일대에 해당한다. 그 지명은 신라 경덕왕 때 昆湄縣이라고 고쳤고, 고려시대에도 이어졌으며 靈巖郡의 속현이었다. 그리고 峻豊이라는 광종 때 고려의 독자적인 연호를 사용한 것[1]과 "伐昭大王"이라고 왕의 이름을 표시한 것이 특색이다. 종을 만드는 데 참여한 승려들과 고미현의 官班인 沙干·卿 그리고 장인인 百士의 존재를 확인할 수 있다.

2) 原文

伐[2]
昭大王 當縣聰規規沙干
峻豊四年癸亥九月十八日 古弥縣
西院鑄鍾記
徒人名疏[3]同院主
人領玄和尙信嚴

---

1) 앞의 「龍頭寺址鐵幢竿」 각주(1) 참고.
2) 許興植, 1984, 『韓國金石全文』中世上에서는 '伐' 앞에 '代'가 더 있는 것으로 판독하였다.
3) '疏'는 '記'와 같은 뜻으로 사용되었다.

長老曉玄上坐

欣[4)]直[5)]卿[6)]乂[7)]言卿[8)]

大百士[9)]

羅州只未百士[10)]

3) 飜譯文

벌(伐)

소대왕(昭大王 : 광종의 휘가 昭임[11)]), 당현(當縣)의 총규(聰規) 사간(沙干).

준풍(峻豊) 4년(963) 계해년 9월 18일에 고미현(古弥縣) 서원(西院)에서 종을 주조한 기록.

무리[徒]에 속한 사람들의 명단은 이 원(院)의 주인(主人)인[12)] 영현(領玄) 화상(和尙), 신엄(信嚴) 장로(長老), 효현(曉玄) 상좌(上坐), 흔직(欣直) 경(卿), 예언(乂言) 경이며,

대백사(大百士)는[13)] 나주(羅州)의 지미(只未) 백사(百士)입니다.

---

4) '亻+丨+欠'의 형태인데, 보통 '欣'으로 판독한다.

5) 李弘稙은 '宜'로 판독하였다.(1954, 「在日朝鮮梵鐘考」, 『韓國古文化論攷』, 乙酉文化社)

6) 許興植, 앞의 책에서는 '鄕'으로 판독하였으며, 黃壽永, 1981, 『韓國金石遺文』제3판에서는 '卿'으로 판독하였다.

7) 李弘稙, 앞의 논문에서는 '文'으로 판독하였다.

8) 李弘稙, 위의 논문에서는 '明'으로 판독하였다. 許興植, 앞의 책에서는 '鄕'으로 판독하였으며, 黃壽永, 앞의 책에서는 '卿'으로 판독하였다.

9) 李弘稙, 위의 논문에서 '十一'로 판독하였다.

10) 한국역사연구회, 1996, 『譯註 羅末麗初金石文』上에서는 다음과 같이 판독문을 수정하였다.

昭大王
峻豊四年癸亥九月十八日 古弥縣
…
大百士
羅州只未
伐 百士
當縣聰規沙干

그렇지만 聰規沙干은 고미현의 官班으로서 百士 즉 匠人은 아니라고 판단되기 때문에, 이 책에서는 그 수정 견해에 따르지 않는다.

11) 그런데 이렇게 해석할 경우 현재 국왕의 이름을 避諱하지 않고 그대로 사용하였다는 문제점이 있다. 혹시 신라 葛項寺石塔記에 "敬信太王"이라 하여 국왕의 휘를 그대로 사용한 것과 같은 맥락으로도 볼 수 있겠다. 鮎貝房之進은 "伐昭"를 借字表記로 파악하여, 伐은 불을 의미하는 發, 火, 弗 등과 상통하고 昭는 빛[光]을 訓으로 하는 글자로 파악하여 광종의 이름이라고 보았다.

12) '院主人'은 菩提寺大鏡大師玄機塔碑 陰記의 '院持主人'과 같은 직임으로 보인다.

13) '百士'는 장인을 가리키며 다른 사료에서는 보통 '博士' 또는 '伯士'라고 표기되고 있다. 신라 聖德大王神鐘銘에 大博士와 次博士의 구분이 있다.

[참고문헌]

鮎貝方之進, 1934, 「俗文攷」, 『雜攷』上編 6輯.

葛城末治, 1935, 『朝鮮金石攷』.

李弘稙, 1954, 「在日朝鮮梵鐘考」, 『韓國古文化論攷』, 乙酉文化社.

藤田亮策, 1959, 「高麗鐘の銘文」, 『朝鮮學報』14, 朝鮮學會.

坪井良平, 1974, 『朝鮮鐘』, 角川書店.

朝鮮總督府 編, 1976, 『朝鮮金石總覽』上, 亞細亞文化社.

黃壽永, 1981, 『韓國金石遺文』제3판, 一志社.

許興植, 1984, 『韓國金石全文』中世上, 亞細亞文化社.

廉永夏, 1991, 『韓國의 鐘』, 서울대학교출판부.

한국역사연구회, 1996, 『譯註 羅末麗初金石文』上·下, 혜안.

具山祐, 2003, 『高麗前期 鄕村支配體制硏究』, 혜안.

김용선, 2010, 『일본에 있는 한국금석문 자료』, 한림대학교출판부.

한국금석문종합영상정보시스템 http://gsm.nricp.go.kr

3. 太平2年銘磨崖藥師佛座像

1) 解題

경기도 하남시 교산동 산 10-3번지 善法寺 경내의 바위에 서남쪽을 향하여 새긴 마애약사불상이다. 977년(경종 2)에 조성되었으며, 보물 제981호로 지정되었다.

이 불상의 전체높이는 93cm이며 앉은키는 43cm이고, 무릎폭 41cm, 어깨폭 22cm, 광배높이 43.5cm이다. 광배는 3중으로 된 두광과 신광 그리고 그 주위를 둘러 불꽃무늬를 조각하였다. 약사불은 결가부좌의 자세로 왼손에 약그릇을 들고 있다. 오른손은 施無畏印을 하고 있다. 대좌는 복련과 이중의 대석으로 이루어진 하대석 위에 4개의 기둥으로 이루어진 중대석이 있으며 상대석은 앙련을 이중의 대석이 받치는 형식으로 만들었다.

불상의 광배 왼쪽에 음각으로 명문을 새겼는데, 전체적으로 가로 22cm, 세로 45cm 정도의 면에 세 줄로 28자를 새겼다. 글자의 크기는 약 4~5cm이며, "在如賜乙", "爲" 등의 이두를 사용하였다. 내용은 이전부터 있던 불상을 중수하면서 당시 황제의 장수를 기원하였다. 고려 초기에 왕을 皇帝로 지칭한 사실을 보여주는 좋은 예이다. 太平 연호는 중국에서 여러 번 사용되었다. 일부 연구자들이 梁 敬帝의 연호로 파악하여 이 불상을 백제시대 것으로 보기도 하지만, 이 명문에서는 송 태종의 연호인 太平興國을 가리킨다고 보는 것이 타당하다.

2) 原文

太平二年丁丑七月卄九日古石
佛在如賜乙重脩爲今上
皇帝万歲願

3) 飜譯文

태평(太平) 2년[경종 2, 977] 정축 7월 29일에 옛 석불이 계시던 것을 중수하여 지금의 임금이신 황제께서 만세(萬歲)를 누리시기를 기원합니다.

[참고문헌]

李弘稙, 1960,「京畿道 廣州郡 東部面 校里磨崖佛銘」,『考古美術』1-2.
黃壽永, 1981,『韓國金石遺文』제3판, 一志社.
許興植, 1984,『韓國金石全文』中世上, 亞細亞文化社.
李丞宰, 1992,『高麗時代의 吏讀』, 太學社.
한국역사연구회, 1996,『譯註 羅末麗初金石文』上下, 혜안.
김창겸, 2001,「太平二年銘磨崖藥師佛坐像銘의 歷史的 考察」,『韓國中世社會의 諸問題』.
한국금석문종합영상정보시스템 http://gsm.nricp.go.kr

4. 太平興國6年銘磨崖觀音菩薩半跏像

1) 解題

이 마애불상은 경기도 이천시 마장면 장암리 183-1번지에 있으며, 981년(태평흥국 6년, 경종 6년)에 새긴 것이고, 1982년에 학술적으로 발견 조사되었다. 현재 보물 제982호로 지정되었다.

불상이 새겨진 속칭 '미륵바위'는 높이 6.5m, 폭 4.5m, 두께 50~100cm이며 남서향으로 불상을 새겼다. 불상의 크기는 높이 257cm, 어깨 폭 106cm, 무릎 폭 118cm이다. 연화좌 위에 반가좌를 하고 오른손을 가슴에 올려 연꽃줄기를 잡고 있는 형태이며, 머리에는 化佛이 배치된 寶冠을 쓰고 있어서 관음보살임을 알 수 있다. 이 보살상을, 당말 오대 이래 북송으로 이어지는 10세기 중국 불교미술에서 유행하던 도상이 고려에 전래된 사례로 파악하는 연구가 있다. 그리고 바위의 주변에서 고려시대의 기와편과 청자·백자유물들이 수습되었으며, 불상의 전면에서 전면 3칸, 측면 2칸으로 추정되는 건물지가 확인되고 뒤쪽에서도 적심으로 보이는 석재들이 노출되어 불상을 보호하는 보호각이 있었던 것으로 보인다.

이 불상은 대로상에 위치하여 행인들의 예불대상이었을 것으로 추정되고 있다.

바위 하부의 동쪽에 명문이 새겨져 있다. 글자의 서체는 楷書이고, 3행으로 되어 있으며, 각 글자의 크기는 5.6~8cm이다. 명문에 따르면 조성 주체가 승려와 재가신도 20여 명으로 구성된 道俗香徒였다. 고려 초기 지방민들이 향도라는 신앙결사를 조직하여 불상을 조성한 것을 보여주는 대표적인 사례이며, 도속향도라는 명칭은 1002년(목종 5)의 八歆島埋香碑의 명문에서도 사용되었다.(『세종실록』 권16 4년 2월 丙辰)

2) 原文

太平興國六年辛巳二月十三日

元□[1]□道俗香徒ホ卄□人

上首[2]□□[3]□[4]□[5] …

3) 飜譯文

태평흥국(太平興國) 6년(경종 6, 981) 신사년 2월 13일에

… 도속향도(道俗香徒) 등 이십□인 …

상수(上首) …

[참고문헌]

鄭永鎬, 1982, 「利川 '太平興國'銘 磨崖半跏像」, 『史學志』16.

許興植, 1984, 『韓國金石全文』 中世上, 亞細亞文化社.

蔡雄錫, 1989, 「高麗時代 香徒의 社會的 性格과 變化」, 『國史館論叢』2.

한국역사연구회, 1996, 『譯註 羅末麗初金石文』上·下, 혜안.

단국대학교 매장문화연구소·이천시, 2002, 『이천태평흥국명마애불좌상 주변지역 발굴조사보고서』.

崔聖銀, 2003, 「高麗時代 佛敎彫刻의 對宋關係」, 『미술사학연구』237.

한국금석문종합영상정보시스템 http://gsm.nricp.go.kr

1) 단국대학교 매장문화연구소·이천시, 2002, 『이천태평흥국명마애불좌상 주변지역 발굴조사보고서』에서는 '紙'로 읽었다.

2) 許興植, 1984, 『韓國金石全文』中世上에서는 '道'로 읽었다. 上首는 단체에서 지도격 승려라는 뜻으로 보인다.(蔡雄錫, 1989, 「高麗時代 香徒의 社會的 性格과 變化」, 『國史館論叢』2)

3) 단국대학교 매장문화연구소·이천시, 앞의 책에서는 '人'으로 읽었다.

4) 단국대학교 매장문화연구소·이천시, 위의 책에서는 '二'로 읽었다.

5) 단국대학교 매장문화연구소·이천시, 위의 책에서는 '百'으로 읽었다.

5. 東臺塔誌石

1) 解題

이것은 어느 사찰에 속했었는지는 알 수 없지만 같은 탑 안에 두었던 두 개의 탑지석으로서, 각각 1005년(목종 8)과 1508년(조선 중종 3)에 만들어졌다. 앞의 것은 흑색의 蠟石제이고 세로 11.6cm, 가로 11cm, 두께 0.55cm, 글자 크기 직경 1.5cm(助成徒衆의 인명은 0.8cm)이며, 뒤의 것은 흑색의 靑石제이고 세로 11.3cm, 가로 11.9cm, 두께 0.8cm, 글자 크기 직경 1cm이다. 현재 동국대학교 박물관에 소장되어 있다.

판의 양면에 윤곽선과 세로로 행간 선을 마련하고 해서체의 명문을 새겼다. 두 탑지의 명문 내용에 따르면, 1005년에 '동쪽 탑[東邊塔]'을 중수하고 一千仏祖堂·千仏堂 등을 조성하였으며, 약 5백년 뒤인 1508년에 다시 탑을 중수하고 사리를 봉안하였다. 고려 초기 사찰에서 寺主, 院主, 典坐, 史, 大唯乃, 副唯乃, 旁頭 등의 직제를 사용한 것을 확인할 수 있다.

2) 原文

(1) <앞면>

維統和二十三年歲次
乙巳五月二十日東邊
塔低[1]落治建時
寺主嵩教定性大
師昶秀和尙時造一
千仏祖堂五間千仏

1) '亻+一+幺'의 형태인데, '低'와 같은 글자이다.

<뒷면>
堂九間助成徒衆
第一坐契元院主光慶
典坐祜暹史□相
大唯乃利聰副唯乃利緣[2)]
旁頭[3)]利善千佛太匠
崇礼[4)]等三百餘人

(2) <앞면>
統和二十三年歲次乙
巳之年始造而其後頹
落久矣皇明正德三年
戊辰之歲改造亦安舍
利五介更建時施主比
丘宗修金內隱金玉非
修智

<뒷면>
石手 省雲 六通 克連
達能 信玉 冏連
供養主 學灯 道安
化主 戒空 時持社主坦
和 時見同修徒衆二百余人
正德三年戊辰五月十六日
重建記

3) 飜譯文

(1) 통화(統和) 23년(1005, 목종 8) 간지(干支)로 을사(乙巳) 5월 20일에 동쪽 탑이 무

2) '利緣'은 횡서로 새겼다.
3) 許興植, 1984,『韓國金石全文』中世上에서는 '願'으로 판독하였다.
4) '崇礼'는 횡서로 새겼다.

너져서 수리하여 세울 때, 사주(寺主)인 숭교(嵩敎), 정성대사(定性大師), 창수화상(昶秀和尙)이 이 때 일천불조당(一千佛祖堂) 5칸과 천불당(千佛堂) 9칸을 조성하였습니다. 도와서 이루게 한 도중(徒衆)은 제일좌(第一坐) 계원(契元), 원주(院主) 광경(光慶), 전좌(典坐) 호섬(祜暹), 사(史) □상(□相), 대유내(大唯乃) 이총(利聰), 부유내(副唯乃) 이연(利緣), 방두(旁頭) 이선(利善), 천불태장(千佛太匠) 숭례(崇礼) 등 3백여 인입니다.

(2) 통화(統和) 23년 간지(干支)로 을사(乙巳)년에 처음으로 조성하였습니다. 그 후에 무너지고 떨어져 나간 지 오래되었습니다. 황명(皇明) 정덕(正德) 3년 무진(戊辰, 1508, 중종 8)년에 고쳐 조성하였으며 또한 사리(舍利) 5개(介)를 봉안하였습니다. 다시 세웠을 때 시주(施主)는 비구(比丘) 종수(宗修), 김내은(金內隱), 김옥비(金玉非), 수지(修智)입니다. 석수(石手)는 성운(省雲), 육통(六通), 극련(克連), 달능(達能), 신옥(信玉), 경련(冏連)이며, 공양주(供養主)는 학정(學灯), 도안(道安)이고, 화주(化主)는 계공(戒空), 시지사주(時持社主)인 탄화(坦和)이며, 이때 함께 개수한 무리[徒衆]가 2백여 인입니다. 정덕(正德) 3년 무진(戊辰) 5월 16일 중건(重建)을 기록합니다.

[참고문헌]

黃壽永, 1968, 「統和와 正德銘의 塔誌石」, 『考古美術』97.
黃壽永, 1981, 『韓國金石遺文(제3판)』, 一志社.
許興植, 1984, 『韓國金石全文』中世上, 亞細亞文化社.
성균관대학교 박물관, 2005, 『고려시대금석문탁본전』(도록).
한국금석문종합영상정보시스템 http://gsm.nricp.go.kr

6. 芝峴里3層石塔

1) 解題

이 고려시대 석탑은 991년(성종 10)에 건립되었다. 충남 서천군 한산면 지현리에 위치해 있는데, 현재 한산이씨 시조인 李允卿의 묘 오른쪽 앞에 있으며, 그 묘를 쓰기 위해 절을 옮기고 탑만 남겨두었다고 전한다.

탑의 높이는 2.05m이고 기단 갑석의 한 변의 길이가 1.33m이다. 현재 3층만 남아 있는데 원래 5층탑이었던 것으로 추정되고 있다. 탑의 기단부도 없어져서 기단의 甲石이 맨 아래에 위치해 있다. 충남문화재자료 제128호로 지정되었다.

명문은 1층 탑신의 面石에 8행으로 새겨져 있다. 마멸이 심하여 판독이 어렵지만, 성종 10년에 이 지역의 지방세력들이 발원하여 세웠다는 내용이다. 韓山縣은 백제 때 이래 馬山縣이었는데 고려초에 그 이름으로 바꾸고 嘉林縣의 속현으로 삼았다. 아래에 제시하는 판독문처럼 戶長·鄕長·縣長이라는 판독이 옳다면 고려 초기 지방지배와 관련된 직제로서 주목된다.

2) 原文

淳化二年歲次辛卯二月日

爲國□□□發願造塔記

時戶[1]長[2] 見鄕[3]長 見縣[4]長

信元長 潤別[5]長 昕久長

---

1) 한국금석문종합영상정보시스템에서는 '大'로 판독하였다.
2) 鄭求福, 1983, 「舒川郡遺物遺蹟調査報告」, 『百濟硏究』14에서 '長'으로 판독하였다.
3) 鄭求福, 위 논문에서 '鄕'으로 판독하였다.
4) 鄭求福, 위 논문에서 '眞'으로 읽을 수 있으나 '縣'의 略字(眞-匕)가 아닐까 하는 의견을 제시하였다.
5) 鄭求福, 위 논문에서는 '罒+山+刂'로 읽을 수도 있다고 하였다.

□[6]梁□[7]

徐凉□[8] 躰奉僧 新見紀

全□[9]紀 □□□[10] 丁□□

岳達□[11] 則成□[12] □□紀

3) 飜譯文

순화(淳化) 2년 세차 신묘(辛卯 : 991, 성종 10) 2월 일.

나라를 위하여 … 발원(發願)하여 탑을 만든 기록.

<이하 당시 한산현(韓山縣) 지역의 관반(官班)과 탑을 만드는 데 시주한 인물들의 인명인 듯하다. 해석 생략>

[참고문헌]

鄭求福, 1983, 「舒川郡遺物遺蹟調查報告」, 『百濟硏究』14.

許興植, 1984, 『韓國金石全文』中世下, 亞細亞文化社.

黃壽永, 1994, 『韓國金石遺文』제5판, 一志社.

具山祐, 2003, 『高麗前期 鄕村支配體制 硏究』, 혜안.

한국금석문종합영상정보시스템 http://gsm.nricp.go.kr

---

6) 한국금석문종합영상정보시스템에서는 '棟'로 판독하였다.

7) 鄭求福, 앞 논문에서는 '立'으로 판독하였다.

8) '紀'인 듯하다.

9) 鄭求福, 앞 논문에서는 '礼'로 판독하였다.

10) 鄭求福, 위 논문에서는 '船結淸'으로 판독하였다.

11) '紀'인 듯하다.

12) 鄭求福, 앞 논문에서는 '派'로 판독하였으나, '紀'인 듯하다,

7. 長命寺石塔誌石

1) 解題

경기도 안성시 죽산면 서부동 515에 있던 장명사석탑에서 청동사리합과 함께 발견된 탑지석이다. 장명사는 『신증동국여지승람』 등의 자료에 수록되어 있지 않고 다만 長光寺라는 사찰이 기록되어 있는데, 동일 여부는 알 수 없다. 석탑은 현재 칠장사 대웅전 앞에 옮겨져 있으며, 탑지는 사리합과 함께 국립중앙박물관에 소장되어 있다. 장명사지에는 석조대좌와 석불좌상의 일부가 남아 있다.

석탑은 단층기단이고 원래 5층이던 탑신이 이층까지만 남아있으며, 양식적인 면에서 인근에 있는 봉업사5층석탑과 유사하다고 파악되고 있다. 이 탑지는 납석제품이며, 가로 13cm, 세로 22.6cm, 폭 5.1cm의 직사각형이다.

명문에 따르면 이 탑지는 997년(성종 16)에 만들어졌으며, 5층석탑을 5增석탑이라고 표기한 것이 특이하다. 이 석탑을 조성하는 데 戶長과 倉正 등 竹州 邑司의 향리들이 동량이 되어 구성한 香徒가 주축이 되었다. 大行明徒는 그 향도의 명칭이었던 듯하며, 安과 崔는 그 지역의 土姓이었다. 博士는 기술자로 보이는데, 그와 구분하여 鍮匠은 따로 기록하였다.

2) 原文

統和十五年丁酉[1]四月二十七日國泰人

安願以長命寺五增石塔造立香

徒姓[2]名如後[3]

---

1) 『畿內寺院誌』에는 '丁酉'를 '閏'으로 판독하였다.

2) 『畿內寺院誌』에는 '姓'를 '生'으로 판독하였다.

3) 『畿內寺院誌』에는 '後'를 '飛'로 판독하였다.

棟梁大[4]行明徒校[5]尉戶長安帝京倉[6]正崔

廉　博士□煙雲□□[7]金位等

料[8]色光忩師玄肯　鍮匠只未知

3) 飜譯文

통화(統和) 15년 정유(丁酉 : 997, 성종 16) 4월 27일에

나라가 태평하고 사람들이 편안하기를 발원하여 장명사(長命寺) 5층석탑을 세웠습니다.

향도(香徒)의 성명(姓名)은 다음과 같습니다.

동량(棟梁)은 대행명도(大行明徒) 교위(校尉) 호장(戶長) 안제경(安帝京), 창정(倉正) 최렴(崔廉)이며, 박사(博士)는 □煙雲□□金位 등이고, 요색(料色)은 광총사(光忩師) 현긍(玄肯)이고, 유장(鍮匠)은 지미지(只未知)입니다.

[참고문헌]

京畿道, 1988, 『畿內寺院誌』.

黃壽永, 1987, 「高麗石塔의 硏究－在銘作品을 중심으로」, 『考古美術』175·176.

국립중앙박물관, 1991, 『佛舍利莊嚴』.

黃壽永, 1999, 『黃壽永全集 4(금석유문)』, 혜안.

蔡雄錫, 2000, 『고려시대의 국가와 지방사회』, 서울대학교출판부.

최성은, 2011, 「고려 전기 竹州의 석불조각」, 『안성 칠장사와 혜소국사 정현』, 사회평론.

한국금석문종합영상정보시스템 http://gsm.nricp.go.kr

4) 『畿內寺院誌』에는 '大'를 '六'으로 판독하였다.

5) 『畿內寺院誌』에는 '校'를 '枝'으로 판독하였다.

6) 『畿內寺院誌』에는 '倉'을 '金'으로 판독하였다.

7) 黃壽永, 1999, 『黃壽永全集4(금석유문)』에서는 '禪煙雲□□' 부분을 '禮靈□□□'으로 판독하였다.

8) 『畿內寺院誌』에는 '料'를 '朴'으로 판독하였다.

8. 開心寺址5層石塔

1) 解題

이 석탑은 1010년(현종 원년)에 건립공사를 시작하여 이듬해에 완성하였으며, 경상북도 예천군 예천읍 남본리 200 개심사지에 있다. 보물 제53호로 지정되었다.

탑의 높이는 4.33m이고 기단 너비가 2.15m이다. 2층으로 된 기단 위에 5층의 탑신부를 두고 그 위에 상륜부를 올린 일반형의 석탑이다. 하층 기단의 각 면마다 3개의 안상을 두고 거기에 법의를 입고 앉아 있는 문관 형상의 몸체를 한 12지신상을 새겼다. 그리고 상층 기단에는 각 면마다 탱주로 나누어 八部衆像을 두 구씩 새겼다. 1층 탑신의 남쪽에 문비를 조각하고 그 좌·우 양쪽에 인왕상을 새겼다. 옥개석은 각 층마다 4단의 받침을 조출하였다. 추녀는 수평을 이루다가 전각에 이르러 反轉이 뚜렷하며 그 끝에는 풍경을 달았던 구멍이 있다. 상륜부에는 노반과 복발만 남아 있다.

명문은 上臺 甲石의 처마 아랫면과 상대 中石의 동쪽면에 새겨져 있으며, 이 탑의 조성 과정에 대해 기록하였다. 이에 따르면 1010년(현종 1) 2월 1일에 건립을 시작하여 이듬해 4월 8일에 공사를 마쳤으며, 여기에 동원된 사람은 光軍과 함께 彌勒香徒·椎香徒 등의 조직을 중심으로 1만여 명이 넘었다. 고려 초기 향도와 광군의 조직구성과 활동 등에 대해 고찰할 수 있는 좋은 자료가 된다. 특히 이 명문을 통하여 향도가 불교신앙단체로서 고려전기에 지방사회에서 土姓 향리층이 주도하는 사회구조와 밀접한 관계를 맺으면서 존재하였으며, 그 규모가 수십 명의 임원을 두고 擧郡的인 규모로 조직되었다는 것을 알 수 있다.

명문에는 以, 入矣 등의 이두가 사용되었다.

2) 原文

<상대 갑석의 처마 아랫면>

(남면) 五十人[1]上元甲子四十七統和二十七庚戌年二月一日正骨開心寺

---

1) '五十人' 부분은 문맥상 동면의 마지막 부분인 '次衣等'에 이어지는 것으로 보인다.

(서면) 到石析三月三日光軍□[2]六隊車十八牛一千以十間入矣僧

(북면) 俗娘合一万人了入弥肋香徒上□[3]神丨順[4]廉長司正[5]順行典福宣金由工達孝順位剛[6]香德貞

(동면) 맘等卅六人椎香徒上□[7]京成仙郎光叶金叶[8]阿志大舍香式金哀位奉楊寸能廉[9]等四十人[10]隊正邦祐[11]其豆昕京位剛[12]□[13]平矣典[14]次衣等

<상대 중석의 동쪽면>

棟梁戶長陪戎校尉林長富母主崔祐[15]副棟梁□□□□[16]

四弘爲身心上報之佛恩爲國正功德普及於一切

辛亥四月八日立

3) 飜譯文

상원(上元) 갑자(甲子)[17]부터 47년 되는 통화(統和) 27년[18] 경술년(庚戌年 : 1010, 현종 원

2) 卄의 형태로 되어 있다. 대부분의 연구에서 '卌'이나 '三+弋'으로 파악하고 있다.

3) '示+上'의 형태로 되어있다. 그런데 椎香徒 부분에서는 '禾+上'의 형태로 표기하였다. 許興植, 1984, 『韓國金石全文』 中世上에서는 '秤'으로 읽었다.

4) 黃壽永, 1981, 『韓國金石遺文(제3판)』에서는 '順'을 누락하고 이어지는 '廉'과 '長' 사이에 '長'을 더 추가하였다. 許興植, 위의 책에서는 '丨順'을 누락하였다.

5) 正의 초서 형태로 되어 있다.

6) 剛의 이형자인 '罡+刂'의 형태로 되어있다.

7) '禾+上'의 형태로 표기하였다. 그런데 弥肋香徒 부분에서는 '示+上'의 형태로 되어있다. 許興植, 앞의 책에서는 '上□'를 '秩'로 읽었다.

8) '光叶'과 '金叶'은 같은 행에 두 줄로 나누어 표기하였다.

9) '能廉'은 추기한 듯 행의 옆에 표기하였다.

10) 許興植, 앞의 책에는 '四十人'이 누락되었다.

11) '隊正'과 '邦祐'는 같은 행에 두 줄로 나누어 표기하였다.

12) '剛'의 이형자인 '罡+刂'의 형태로 되어있다.

13) '亻+品'의 형태로 되어있다.

14) '矣'와 '典'은 같은 행에 두 줄로 나누어 표기하였다.

15) '林長富母主'와 '崔祐'는 같은 행에 두 줄로 나누어 표기하였다. 許興植, 앞의 책에서는 '林長崔祐母主'로 판독하였다.

16) 許興植, 앞의 책에서는 '□□邦祐'로 판독하였다.

17) 象數學에서 1백 80년을 한 週期로 하고 그것을 3분하여 첫째 60갑자의 60년을 上元甲子라고 하고, 그 다음 60년을 中元甲子, 그 다음 60년을 下元甲子라고 한다. 한 시대가 시작하는 단계로 보고, 왕실이나 국가의 중대한 일을 하면서 그 중요성을 강조하기 위해 이 말을 사용한다. 현종 원년으로부터 47년 전의 갑자년은 964년(광종 15)이다.

18) 간지로 갑자년부터 47년이 되는 해는 경술년이 맞다. 그러나 그 해는 統和 27년이 아니라 28년이기 때문에 27년은 28년의 오기라고 판단된다.

년) 2월 1일 정골(正骨) 개심사(開心寺)에 도착하여, 돌을 자른 것은 3월 3일이다.

광군(光軍) □6대(隊), 수레[車] 18대, 소 1000으로 10간(間) 들이[19]이며, 승·속·랑[僧俗娘] 모두 1만인이 들어갔다.

미륵향도(弥肋香徒)에는 상□(上□)인 신곤(神丨)·순렴(順廉), 장사(長司)인 정순(正順), 행전(行典)인 복선(福宣)·김유(金由)·공달(工達)·효순(孝順), 위강(位剛)인 향덕(香德)·정암(貞嵒) 등 36명,

추향도(椎香徒)에는 상□(上□)인 경성(京成), 선랑(仙郞)인 광협(光叶)·김협(金叶) 아지(阿志), 대사(大舍)인 향식(香式)·김애(金哀), 위봉(位奉)인 양촌(楊寸)·능렴(能廉) 등 40인, 대정(隊正)인 방우(邦祐)·기두(其豆)·흔경(昕京), 위강(位剛)인 □평(□平)·의전(矣典)·차의(次衣) 등 50명이다.

동량(棟梁)은 호장(戶長) 배융교위(陪戎校尉) 임장부(林長富)의 모주(母主 : 어머니)와 최우(崔祐), 부동량(副棟梁)은 □□(隊正으로 추정된다)인 방우(邦祐)이다.

모든 불보살들이 세우는 네 가지 큰 서원[四弘誓願]으로 몸과 마음을 수행하여
위로 부처님의 은혜에 보답하고 국가를 위하며
공덕을 바르게 하여
온 누리에 널리 미치도록 하기 위하여[普及於一切]
신해년(辛亥年 : 1011, 현종 2) 4월 8일 세웁니다.

[참고문헌]

朝鮮總督府, 1919, 『朝鮮金石總覽』上.

葛城末治, 1935, 『朝鮮金石攷』.

李基白, 1965, 「高麗光軍考」, 『歷史學報』27.

李泰鎭, 1972, 「醴泉 開心寺 石塔記의 分析」, 『歷史學報』53·54.

黃壽永, 1981, 『韓國金石遺文(제3판)』, 一志社.

許興植, 1984, 『韓國金石全文』中世上, 亞細亞文化社.

李丞宰, 1992, 『高麗時代의 吏讀』, 太學社.

박경식, 1999, 『우리나라의 석탑』, 역민사.

蔡雄錫, 2000, 『高麗時代의 國家와 地方社會』, 서울대학교출판부.

구산우, 2001, 「高麗前期 香徒의 佛事 조성과 구성원 규모」, 『한국중세사연구』10.

19) '入矣'에 대하여 李丞宰는 吏讀로 파악하여 용적의 단위처럼 사용된 파생명사로 보았다.(1992, 『高麗時代의 吏讀』, 96쪽)

서성희, 2002, 「高麗 初 예천 지역세력과 開心寺 석탑 건립」, 『釜大史學』25·26.
성균관대학교 박물관, 2005, 『고려시대 금석문 탁본전』(도록).
한국금석문종합영상정보시스템 http://gsm.nricp.go.kr

9. 師子頻迅寺址石塔

1) 解題

사자빈신사지석탑은 충청북도 제천시 한수면 송계리 1002번지에 있으며, 1022년(고려 현종 13)에 조성되었고, 높이는 약 5.55m이다. 현재 보물 94호로 지정되어 있다.

지대석과 2층의 기단 위에 원래 9층탑으로 되어 있었지만 현재는 5층 탑신석까지만 남아있다. 이 탑은 일반형 석탑의 양식에서 벗어난 특수형 석탑으로 분류되며, 華嚴寺 四獅子三層石塔과 같은 사사자석탑의 양식을 계승하여 상층기단에 네 마리의 사자와 비로자나불상을 배치하였다. 비로자나불상은 특이하게 두건을 쓴 모습이며 그 윗면에 연화무늬를 조각하였다. 하층기단은 하대석, 중대석, 상대석으로 구성되었는데, 하대석의 네 면에 꽃무늬가 있는 안상을 3개씩 새겼다. 갑석에는 복련을 조각하여 탑신을 받치게 하였다. 옥개석의 모서리 끝을 살짝 들어 올려 경쾌한 느낌을 주며, 옥개석마다 3개의 옥개받침이 있다. 탑신석에는 모서리마다 기둥을 새겼고, 1층의 탑신이 다른 층보다 유난히 높게 만들어졌다.

이 탑의 중대석 남쪽에 조성 경위를 밝힌 명문이 새겨져 있다. 명문은 전체가 10행 79자로서, 서체는 楷書이며, 글자 크기는 약 3.3cm이다. 절 이름의 '師子頻迅'은 '獅子奮迅'과 같은 뜻이며, "獅子頻迅三昧", "獅子奮迅具足萬行如來" 등의 용례에서 볼 수 있듯이 사자가 분발하여 일어날 때 털이 꼿꼿이 서고 그 기세가 迅速勇猛한 상태를 부처의 威猛에 비유한 것이다.

명문상의 中州는 忠州를 가리키는 것으로 생각되며, 충주는 고구려의 國原城이었는데, 신라에서 小京을 설치하였고 뒤에 中原京으로 고쳤다. 고려 태조 때에 충주로 고쳤고, 성종 2년(983)에 牧을 두었다가 14년에 昌化軍 節度使를 두어 中原道에 속하였다. 현종 3년(1012)에 절도사를 폐지하고 安撫使로 만들었다가 9년에 8목의 하나로 만들었다. 충주는 國原·大原·蘂城·中原 등으로도 불렀다.

탑이 조성된 시기인 太平 2년은 요나라 成宗의 연호를 사용한 것이다. 그리고 그 해는 1019년 거란군의 제3차 침입이 있었던 때로부터 얼마 지나지 않은 시점으로서, 명문의 내용에 "怨敵이 영원히 소멸(永消怨敵)"되기를 바란다는 글귀가 있다. 고려 현종이 거란으로부터 책봉을 받은 시기와 이 석탑의 건립시기는 연·월이 일치한다. 이 석탑기에서 거란 연호를 사용한 것은 거란으로부터 책봉을 받았기 때문인 듯 한데, 거란을 원적(怨敵)이라고 표현하면서도 그 나라 연호를 사용한 것은 기이한 느낌을 준다.

2) 原文

佛弟子高麗國中州月
岳師子頻迅寺棟梁
奉爲　代代
聖王恒居万歲天下大
平法輪常傳此[1]界他方
永消怨敵後愚生婆娑[2]
卽知花藏迷生卽悟正
覺　　　敬造九層
石塔一坐永充供養
大平二年四月日謹記

3) 飜譯文

불제자(佛弟子) 고려국(高麗國) 중주(中州)[3] 월악산(月岳山) 사자빈신사(獅子頻迅寺)의 동량(棟梁)이 받들어,

대대로 성왕(聖王)께서[4] 항상 만세(萬歲)를 누리시고, 천하(天下)가 태평(太平)해지며, 법륜(法輪)이 항상 전(傳)해져서, 이 세계와 저 세상에 영원히 원적(怨敵)이 소멸된 뒤에 어리석은 중생(愚生=凡夫)의 사바세계가 부처님의 정토(淨土)인 화장세계(華藏世界)임을 곧 알

1) '此'의 行書體로 되어있다.
2) '婆娑'인지 '娑婆'인지 분명하지 않다.
3) 지금의 忠州市. 신라 경덕왕 때 中原京이 되었다가 고려 태조 23년에 忠州로 고쳤고, 성종 2년에 설치된 12牧의 하나가 되었다. 성종 14년 절도사체제를 시행할 때 昌化軍이라고 불렀고, 中原道라고 칭하였다. 현종 3년에 절도사를 폐지하여 安撫使를 두었고 현종 9년의 지방제 개편 때에 다시 牧이 되었다. 고종 41년에 國原京으로 승격하였다.
4) 『고려사』 권16 인종 16년(1138) 2월 壬午條에 따르면, 그동안 임금을 높이고 아름다움을 추앙하기 위하여 神聖帝王이라는 용어를 사용해 오던 것을 앞으로 금지하라고 하였다.

고, 미혹한 중생들이 정각(正覺)을 곧 깨우치기를 바라오며,

9층 석탑 1좌(坐)를 삼가 공손히 만들어 영원히 공양(供養)합니다.

태평(太平) 2년(1022, 현종 13) 4월 일에 삼가 기록합니다.

[참고문헌]

朝鮮總督府, 1919,『朝鮮金石總覽』上.

葛城末治, 1935,『朝鮮金石攷』.

許興植, 1984,『韓國金石全文』中世上, 亞細亞文化社.

黃壽永, 1987,「高麗石塔의 硏究－在銘作品을 중심으로」,『考古美術』175·176; 1998,『黃壽永全集 3－한국의 불교공예·탑파－』, 혜안.

박경식, 1999,『우리나라의 석탑』, 역민사.

성균관대학교 박물관, 2005,『고려시대금석문탁본전』(도록).

한국금석문종합영상정보시스템 http://gsm.nricp.go.kr

10. 辛亥銘迴眞寺鍾

1) 解題

이 청동제 동종은 제작연대가 辛亥라는 간지만 밝혀져 있어 분명하지 않지만 1011년(현종 2) 또는 1071년(문종 25)에 제작된 것으로 추정되고 있다. 종의 크기는 높이가 87.1cm, 입지름이 53.2cm, 두께 5.6cm이다. 현재 일본 시마네현(島根縣) 마쓰에시(松江市) 덴린지(天倫寺)에 소장되어 있다.

용뉴에는 여의주를 물고 있는 용을 배치하였다. 그리고 연꽃무늬를 두른 천판의 아래에 상대를 배치하여 連珠와 格子線 무늬 등을 새기고, 하대에는 보화와 소용돌이 형상의 당초무늬를 배치하였다. 유곽은 상대에 붙여 배치하였고, 종의 몸통 앞뒤로 원형의 蓮花撞座가 한 개씩 있다. 또 몸통에는 天蓋 아래에 結跏趺坐한 坐佛像을 양각하였으며, 불상 좌우편에 비파와 피리 등의 악기가 天衣에 감싸여 하늘에서 날아 내려오는 모습을 새겼다.

불좌상의 반대편 몸통에 당초문대를 둘러 가로 25cm, 세로 14cm의 명문곽을 만들고 네 줄의 경계선을 두어 다섯줄로 명문을 양각하였다. 그 내용은 고려시대 동경(경주)의 회진사 승려가 3천여 명을 권화하여 대규모로 향도를 조직하여 종을 만들었다는 사실을 밝히는 것이다. 고려전기 향도의 규모가 대규모였던 것을 보여주는 좋은 사례이다. 발원내용은 국왕의 장수, 나라의 태평과 인민의 안녕을 기원하였다.

또 이 명문과 별도로 용뉴 주위에 14개의 명문곽을 만들어 종 제작에 참여한 인물들의 이름 등을 양각하였다.

2) 原文

(1) 高麗國東京內廻眞寺佛弟子□[1]□

1) 藤田亮策, 1959, 「高麗鐘の銘文」, 『朝鮮學報』14와 黃壽永, 1981, 『韓國金石遺文』(제3판)에서는 '釋'으로 판독하였다.

奉爲
聖壽天長國泰人安普勸有緣
者三千餘人入香徒布糧添敬造
金鍾一軀　　辛亥四月八日 記

(2) 光叶助保
金貞□支達
玄儒大內
□□□□
副棟梁光孝
述光□□[2)]
法賢蝙[3)]談
等□造
□爲內□□
志往報
崔叶述[4)]玄
□□□□
夢言金仏
□[5)]身貞均

3) 飜譯文

(1) 고려국(高麗國) 동경(東京 : 경주) 안의 회진사(迴眞寺) 불제자(佛弟子) □□가 받들어 임금께서 만수무강하시며[聖壽天長] 나라의 태평과 사람들의 평안[國泰人安]을 위하여, 인연이 있어 불도를 믿는 사람 3,000여 명에게 향도(香徒)에 들도록 널리 권선(勸善)하고 베와 양곡을 보태어 금종(金鍾) 1구(軀)를 만들었습니다.
신해년(辛亥年 : 1011년 또는 1071년으로 추정) 4월 8일에 기록합니다.

(2) <현 상태에서는 문맥 파악이 어렵기 때문에 해석 생략>

---

2) 黃壽永, 위의 책에서는 '謙'으로 판독하였다.
3) 藤田亮策, 앞의 책에서는 '蝪'으로 판독하였다.
4) 黃壽永, 앞의 책에서는 '李'로 판독하였다.
5) 黃壽永, 위의 책에서는 '兢'으로 판독하였다.

[참고문헌]

朝鮮總督府 편, 1919,『朝鮮金石總覽』上.

李弘稙, 1954,「在日朝鮮梵鐘考」,『韓國古文化論攷』, 乙酉文化社.

藤田亮策, 1959,「高麗鐘の銘文」,『朝鮮學報』14.

黃壽永, 1981,『韓國金石遺文』제3판, 一志社.

許興植, 1984,『韓國金石全文』中世上, 亞細亞文化社.

廉永夏, 1991,『韓國의 鐘』, 서울대학교출판부.

김용선, 2010,『일본에 있는 한국금석문 자료』, 한림대학교출판부.

한국금석문종합영상정보시스템 http://gsm.nricp.go.kr

11. 通度寺孫仍川國長生石標

1) 解題

이 장생표는 경상남도 양산시 하북면 백록리 718-1에 있는 것이며, 통도사에 동남쪽으로 약 4km 정도 떨어져 있다. 높이 166.5cm, 폭 61cm 정도 되는 화강암 재질의 자연석을 막다듬질하여 명문을 새겼으며, 글자의 크기는 6~10.6cm이다. 보물 제74호로 지정되었다.

명문은 楷書체에 段, 皃如, 令是於爲, 了等以 등의 이두를 섞어 썼다.

長生標는 신라·고려시대에 사찰의 경계를 표시하기 위하여 사찰 주위에 세웠던 표지물이며, 모든 사찰에 세웠던 것이 아니라 국가에서 특별한 우대 표시로 특정 사원에 설치를 허가하였다. 이 장생표의 명문에서도 尙書戶部의 牒에 따라 세웠다는 점을 확인할 수 있다. 한편 「通度寺舍利袈裟事蹟略錄」에 따르면 통도사는 주위가 4만 7천 보이며 사방 산천의 裨補를 위하여 12곳에 장생표를 세웠다고 하였다. 그리고 그 장생표 내에는 公·私의 다른 토지가 없었다고 하였으니, 사찰은 그곳의 토지와 임야, 농민을 전적으로 지배할 수 있었다고 추정된다.

1085년(선종 2)에 세운 통도사 장생표는 이 비와 함께 경북 울주군 삼남면 象川里에 한 기가 더 있고(울산시 유형문화재 제2호), 명문이 일부만 남아 있지만 내용은 같다. 그리고 『朝鮮金石總覽』에는 밀양시 무안면 武安里 소재의 장생표의 명문을 소개하고 있는데 현존 여부는 알 수 없다.

2) 原文

通度寺孫仍川國長生一坐段寺
所報尙書戶部乙丑五月日牒前
判皃如改立令是於爲了等以立
　大安元年乙丑十二月日記

3) 飜譯文

통도사(通度寺) 손잉천(孫仍川) 국장생(國長生) 1좌(坐)는 절에서 보고한 바, 상서호부(尙書戶部)의 을축년 5월 일 첩(牒)에서 이전의 판(判)과 같이 고쳐 세우도록 시켰으므로 세웠다.

대안(大安) 원년(선종 2, 1085) 을축년 12월 일 기록하였다.

[참고문헌]

朝鮮總督府 편, 1919, 『朝鮮金石總覽』上.

鮎貝房之進, 1934, 「埋香碑, 通度寺國長生石記」, 『雜攷』6-下.

葛城末治, 1935, 『朝鮮金石攷』.

許興植, 1984, 『韓國金石全文』 中世下, 亞細亞文化社.

李仁在, 1992, 「<통도사지(通度寺誌)> '사지사방산천비보편(寺之四方山川裨補篇)'의 분석」, 『역사와 현실』8.

李丞宰, 1992, 『高麗時代의 吏讀』, 太學社.

박호원, 2003, 「長生標의 성격과 기능 검토」, 『생활문물연구』10, 국립민속박물관.

성균관대학교 박물관, 2005, 『고려시대금석문탁본전』(도록).

李炳熙, 2008, 『高麗後期 寺院經濟 研究』, 景仁文化社.

한국금석문종합영상정보시스템 http://gsm.nricp.go.kr

12. 大安元年銘黃利縣半子

1) 解題

이 半子는[1] 1085년(선종 2) 7월에 만들어진 고려시대의 청동제 佛具이다. 1966년 강원도 원성군 부론면 법천리에서 출토되었다고 하며, 현재 동아대학교 박물관에 소장되어 있다.

크기를 보면 표면이 지름 33cm, 안쪽의 구경 29.4cm, 옆면의 폭 9cm이다. 표면에 동심원을 돌려 撞座區, 內區, 外區로 나누어, 당좌구에 蓮顆子(연밥)를 표현하고 내구에는 그 연과자에 맞추어 연꽃무늬를 둘렀다. 옆면에는 두개의 고리를 달아 걸어놓고 撞木으로 쳐서 소리를 낼 수 있게 하였다.

옆면에는 1행으로 명문을 음각하였으며, 글자의 크기는 약 1.5cm이다. 명문의 내용을 보면 고려전기에 黃利縣의 戶長 등이 중심이 되어 이 반자를 제작하였다고 하였다. 황리현은 지금의 驪州郡에 해당하는 지역이며, 고려 초기에 黃驪縣이라고 하였고 황리현은 그것을 달리 부른 명칭이다. 1305년(충렬왕 31)에 驪興郡이라고 개칭하였다. 명문에 나오는 호장의 성씨인 閔은 황려현의 土姓이었다. 그리고 그 호장이 소유한 官階인 仁勇副尉는 고려 무산계에서 정9품상에 해당하였다. 고려시대에 무산계는 무반의 관계로 사용된 것이 아니라 향리, 老兵, 工匠, 탐라의 왕족, 여진의 추장 등에게 주는 일종의 영예직으로 사용되었다.

2) 原文

大安元年乙丑七月日黃利縣戶長仁勇[2]副尉閔　棟梁等同心鑄成半子一口

---

1) 半子는 소리[梵音]를 내어 종교적 분위기를 높이기 위해 사용하는 불교용구로서, 보통 공양시간을 알리거나 불교의식 때 사용되었다. 盤子, 飯子, 般子, 鉡子, 判子 등 다양한 명칭으로도 불리며, 片面형식으로 되어 있어서 양면형식의 金鼓, 禁口와는 구별되지만, 양자를 구분하지 않고 통칭해서 부르기도 하였다(沈奉謹, 1986, 「고려 佛具의 分析 – 青銅飯子를 中心으로 –」, 『石堂論叢』11).

2) 黃壽永, 1981, 『韓國金石遺文(제3판)』에서는 '角'으로 판독하였으며, 沈奉謹, 위의 논문에서는 '勇'으로 판독하였다.

3) 飜譯文

대안(大安) 원년 乙丑年(선종 2, 1085) 7월 일에
황리현(黃利縣) 호장(戶長) 인용부위(仁勇副尉) 민(閔)
동량(棟梁) 등이 마음을 같이하여 반자(半子) 1구(口)를 주조하여 만들었습니다.

[참고문헌]

黃壽永, 1981, 『韓國金石遺文(제3판)』, 一志社.
許興植, 1984, 『韓國金石全文』中世上, 亞細亞文化社.
沈奉謹, 1986, 「高麗靑銅盤子硏究」, 『고고역사학지』2, 東亞大學校博物館.
沈奉謹, 1986, 「고려 佛具의 分析－靑銅飯子를 中心으로－」, 『石堂論叢』11.
한국금석문종합영상정보시스템 http://gsm.nricp.go.kr

13. 太安2年銘長生寺金鐘

1) 解題

이 청동제 종은 1969년에 당시 행정구역명으로 전남 여수시 쌍봉면 여산리 산21번지의 폐사지에서 출토되었으며, 현재 국립광주박물관에 보관되어 있다. 명문에 따르면 1086년(선종 3)에 만들어졌으며, 국내에 몇 개 남아있지 않은 고려전기 종 가운데 하나이다. 이 종은 높이가 50.6cm, 음통의 높이 14cm, 입 지름 30cm, 두께 1.8cm로서 소형이다.

조성연대와 출토지가 확실하며 양식적으로 중요한 종으로 주목받고 있다. 종의 윗부분은 複瓣의 연꽃무늬로 장식하였으며, 몸통의 위와 아래의 띠[上·下帶]에 각각 당초무늬와 重瓣의 꽃무늬를 새겼다. 네 곳의 유곽에는 연주무늬를 사각으로 돌리고 그 안에 당초무늬를 장식하였고, 두 곳의 당좌는 중판의 꽃무늬를 안에 두고 밖을 연주무늬로 돌렸다. 그리고 당좌와 교대하여 그것과 거의 같은 위치에 무릎 꿇고 합장한 보살 좌상 두 구를 양각하였다.

종의 유곽 바로 아래에 마련된 장방형 구획(13×8.5cm) 내에 4행 36자의 명문(字徑 1.5cm)을 해서체로 음각하였다. 명문의 내용은 사찰 명칭, 종의 무게, 棟樑 명단, 제작시기 등을 밝혔다. 한편 유곽 사이에도 "聖壽天長"이라는 글자(字徑 2cm)가 세로로 양각되어 있는데, 국왕의 장수를 기원하는 "성수천장"이라는 문구는 1058년(문종 12)에 만들어진 淸寧四年銘銅鐘에도 새겨져 있다.

2) 原文

(1) 聖壽天長

(2) 長生寺金鍾重五十斤

棟樑寺主□[1]□[2]□[3]漢

1) 李永樂, 1971, 「太安二年銘 高麗銅鐘과 小鐘一口」, 『考古美術』109와 정선종, 2001, 「長生寺 鐘銘 校

京戊[4]□正春元絁納
十六斤太安二年十二月日

3) 飜譯文

(1) 임금님께서 만수무강하시기를 기원합니다.

(2) 장생사(長生寺)의 금종(金鍾)입니다. 무게는 50근이며, 동량(棟樑)인 사주(寺主) □□과 □한(□漢)·경무(京戊)·□정(□正)·춘원(春元)이 16근(斤)을 시납(絁納)하였습니다. 태안(太安) 2년(1086, 선종 3) 12월 일.

[참고문헌]

李永樂, 1971, 「太安二年銘 高麗銅鐘과 小鐘一口」, 『考古美術』109.

黃壽永, 1981, 『韓國金石遺文(제3판)』, 一志社.

許興植, 1984, 『韓國金石全文』 中世上, 亞細亞文化社.

廉永夏, 1991, 『韓國의 鐘』, 서울대학교출판부.

호암미술관, 1995, 『大高麗國寶展』.

정선종, 2001, 「長生寺 鐘銘 校勘」, 『불교문화연구』8.

한국금석문종합영상정보시스템 http://gsm.nricp.go.kr

勘」, 『불교문화연구』8에서는 '重'이라고 읽었다.

2) 黃壽永, 1981, 『韓國金石遺文(제3판)』에서는 '藏'이라고 판독하였으나, 정선종, 위의 논문에서는 '織'으로 볼 수 있다고 했다.

3) '亻+日+一+日'의 형태의 글자이다.

4) 탁본상으로는 '戍'으로도 보인다.

14. 德山寺禁口

1) 解題

1143년(인종 21)에 만들어진 청동제 금구이며, 현재 국립대구박물관에 소장되어 있다. 크기는 겉지름이 28cm, 옆너비가 5.8cm이다.

이 금구의 표면은 당좌구, 내구, 중구, 외구로 나누어지는데, 당좌구는 복판의 연꽃무늬를 새기고, 내구는 品자형의 꽃무늬를 배치하였다. 중구에는 흐르는 구름무늬를 새겼고, 외구는 素文이다. 측면에는 두개의 귀[耳]가 달렸다.

명문은 옆면에 새겼으며, 발원자와 발원내용, 제작연대와 소장한 사찰의 이름, 중량 등을 기록하였다. 명문에 기록된 罰州(剛州)는 경상북도 영주시의 옛 이름이다. 본래 고구려의 奈已郡이었는데, 신라 경덕왕 때 奈靈郡이라고 하였다가, 고려 성종 14년(995)에 剛州團練使라고 고쳤다. 인종 21년(1143)에 順安縣令官으로 고쳤다가 고종 41년(1254)에 공신 金仁俊의 內鄕이라고 하여 知榮州事로 승격시켰다. 조선 태종 13년(1413)에 榮川郡이라고 고쳤다. 都染令은 都染署의 長으로서[1] 문종 때 정해진 관제에 따르면 정8품직이었다. 발원자의 성씨인 艾씨와 그의 부인의 성씨인 禹씨는 모두 剛州의 土姓에 속하였다.

2) 原文

罰[2]州在京都染令艾國者妻[3]禹氏祝聖壽天長

法界群生共證菩提之願

皇統三年癸[4]亥正月日德[5]山寺懸[6]排[7]

---

1) 朴璜墓誌銘에는 都染令, 文公元墓誌銘에는 都染署令으로 표기되었다.(金龍善 編, 2006, 『高麗墓誌銘集成』(제4판))

2) 許興植, 1984, 『韓國金石全文』中世上에서는 '剄'으로 판독하였다.

3) 黃壽永, 1981, 『韓國金石遺文(제3판)』과 許興植, 위의 책에서는 '染令艾國者妻' 부분을 '梁金艾國老日丑女'로 판독하였다.

入重伍斤羊8)

3) 飜譯文

강주(剛州) 출신으로 서울[京都]에 있는 도염령(都染令) 애국기(艾國耆)의 처(妻) 우씨(禹氏)가 임금님의 만수무강[聖壽天長]을 축원하고,

법계(法界)의 모든 중생들이 함께 보리(菩提 : 불타 正覺의 지혜)를 깨닫기를 발원하여, 황통(皇統) 3년 계해(1143년, 인종 21) 정월 일에 덕산사(德山寺)에 걸어 놓았습니다.

무게는 오근 반이 들어갔습니다.

[참고문헌]

黃壽永, 1960, 「新羅·高麗 在銘禁口考」, 『海圓黃義敦博士古稀紀念史學論叢』; 1998, 『黃壽永全集3-한국의 불교공예·탑파』, 혜안.

黃壽永, 1981, 『韓國金石遺文(제3판)』, 一志社.

許興植, 1984, 『韓國金石全文』中世下, 亞細亞文化社.

沈奉謹, 1986, 「고려 佛具의 分析-靑銅飯子를 中心으로-」, 『石堂論叢』11.

한국금석문종합영상정보시스템 http://gsm.nricp.go.kr

---

4) '丷+天'의 형태로 되어 있다.

5) '德'에서 心획을 日의 형태로 새겼다.

6) 許興植, 앞의 책에서는 '山寺懸'을 누락하였다.

7) '法界群生共證菩提之願'과 '皇統三年亥正月日德山寺懸排'는 한 행에 두 줄로 병렬하여 새겼다.

8) 글자형태는 '羊'이지만 '半'일 가능성이 있다.

15. 大定18年銘金山寺青銅銀入絲香琓臺座

1) 解題

1178년(명종 8)에 제작된 청동제 향완의 대좌 부분이다. 뒤집어진 상태로 소개되어 고려시대 향완 가운데 독특한 형태로 파악되기도 하였지만, 향완의 받침대[臺座] 부분으로 파악하는 견해가 옳을 것이다. 현재 일본의 도쿄국립박물관 법륭사보물관에 소장되어 있는데, 본래 금산사에 있다가 임진왜란 때에 약탈되어 일본에 전해진 것으로 추정되고 있다.

크기는 높이가 28cm이고, 입지름은 35.5cm, 밑지름은 약 29cm 정도이다. 상대에는 연꽃무늬와 번개·당초·나선형무늬, 중대에는 荔枝무늬, 하대에 연꽃과 당초·구름무늬를 우아하고 정교하게 입사하였다. 이보다 한 해 전에 만들어진 표충사 소장 대정17년명 청동은입사향완과 함께 고려중기 향완 가운데 대표적 걸작으로 꼽히고 있다.

명문은 하대의 緣部에 해서체의 글씨를 銀入絲 방법으로 새겼다. 소장처·무게·조성관계자 등을 밝혔는데, 納絲(=入絲)한 장인과 주조하여 만든[鑄成] 장인을 구분하여 명기하였다. 납사한 장인이 殿前尙乘府內承旨同正라는 掖庭局 소속 南班 吏屬의 散職을 가졌던 점도 주목된다.

2) 原文

大定十八年戊戌五月日造金山寺大殿旀勒前青銅香垸一座[1]臺具都重三[2]十斤入銀八兩棟梁祇毗寺住持三重大師惠琚金山寺大師仁美京主人郎將金令候[3]妻崔氏伊次加女納絲殿前尙乘府內承旨同正康信鑄成高正

1) 黃壽永, 1981, 『韓國金石遺文(제3판)』과 許興植, 1984, 『韓國金石全文』中世下에서는 '一座'가 누락되었다.

2) 藤田亮策, 1954, 「青丘遺文(1)」, 『大和文化硏究』2-4와 許興植, 앞의 책에서는 '三'을 '二'로 판독하였다.

3) '候'의 오른쪽은 '厶+夫'의 형태로 되어 있다.

3) 飜譯文

대정(大定) 18년 무술(戊戌) 5월 일에 금산사(金山寺)[4] 대전(大殿) 미륵불(彌勒佛) 앞의 청동향완(靑銅香垸) 1좌(座)를 만들었습니다.

받침대를 구비하여 모두 30근(斤)이며, 은(銀) 8량(兩)을 넣었습니다.

동량(棟梁)은 기비사(祇毗寺)[5] 주지(住持) 삼중대사(三重大師) 혜거(惠琚), 금산사 대사(大師) 인미(仁美), 경주인(京主人)[6] 낭장(郎將) 김영후(金令候)의 처(妻) 최씨(崔氏) 이차가녀(伊次加女)이고, 납사(納絲=入絲)한 사람은 전전상승부내승지동정(殿前尙乘府內承旨同正)[7] 강신(康信)이며, 주조하여 만든 사람은 고정(高正)입니다.

[참고문헌]

藤田亮策, 1954, 「靑丘遺文(1)」, 『大和文化硏究』2-4.

黃壽永, 1963, 「高麗靑銅銀入絲香垸의 硏究」, 『佛敎學報』1, 동국대 불교문화연구소.

黃壽永, 1981, 『韓國金石遺文(제3판)』, 一志社.

許興植, 1984, 『韓國金石全文』中世下, 亞細亞文化社.

李浩官, 1998, 「韓國金屬工藝에 나타난 象嵌에 대하여」, 『박물관휘보』9, 서울시립대학교.

최선주, 2008, 「일본소재 고려시대 불교미술의 연구」, 전남대 박사학위논문.

김용선, 2010, 『일본에 있는 한국금석문 자료』.

한국금석문종합영상정보시스템 http://gsm.nricp.go.kr

---

4) 현재 전라북도 김제시 금산면 금산리에 있는 금산사로 추정된다.

5) 1990년부터 이루어진 부산광역시 북구 만덕동 만덕사지 발굴조사에서 '祇毗寺'라는 명문이 새겨진 수키와가 다수 발굴되어, 현재 부산시립박물관에 소장되어 있다. 만덕사는 고려말 조선초기에 폐사된 것으로 추정되고 있다.

6) 京主人 제도는 수도에 거주하는 지방 출신 인사로서 그 지방에 대한 연락, 賦稅 수납, 其人·選上奴의 充立 등을 돕도록 한 것이다. '京邸主人', '京中主家'라고도 하였다. 고려 후기에 중앙관청의 관리들이 이들을 심하게 다루기도 하였지만, 한편으로는 이들은 本邑에 내려가서 選上價를 거두면서 이익을 취하기도 하였다. 조선시대의 경우에는 吏胥層이 경주인을 맡았다. 周藤吉之, 1984, 「高麗朝の京邸·京主人とその諸關係」, 『朝鮮學報』111; 1992, 『宋·高麗制度史硏究』에 재수록.

7) 문종 때 掖庭局 소속의 남반 직제에 정9품의 殿前承旨와 함께 남반의 初入仕路로 殿前副承旨·尙乘內承旨·副內承旨 등의 吏屬職들이 있었다. 『고려사』 백관지에 따르면, 이 직제는 예종 11년(1116)에 개정하여 전전승지를 三班奉職이라 하고 부승지를 三班借職이라 하고 상승내승지를 三班差使라 하고 부내승지를 三班借差라 하였다고 하는데, 1178년의 이 금석문에는 殿前尙乘府內承旨이라는 직명을 사용하였다. 그리고 同正職은 職事가 없는 散職으로서 문반 6품, 무반5품 이하 이속직까지의 관직에 설정되었다.

16. 大定19年銘禁口

1) 解題

이 청동제 禁口는 종래 "大定9年銘禁口"로도 알려져 왔으나,[1] 명문을 자세히 살펴보면 대정 19년(1179년, 명종 9년)으로 판독할 수 있고, 그래야 간지인 己亥와도 일치한다. 대정 9년의 간지는 己丑이다. 현재 국립중앙박물관에 소장되어 있다.

금구는 梵音을 만들어내는 의식법구이다. 이 금구의 크기는 바깥면의 지름이 40.5cm, 측면의 너비는 9.5cm이다. 앞면은 융기동심원을 사용하여 당좌구, 내구, 중구, 외구로 나누었다. 당좌구에 蓮子(연밥)무늬를 돌출하여 배치하고 내구에는 연꽃잎무늬를 양각으로 배치하였으며, 중구과 외구에는 당초무늬를 양각하였다. 그리고 옆면에는 한 줄의 선을 양각하여 둘렀고, 세 개의 고리가 달려 있다. 측면에 있는 양각선의 한 쪽에 명문을 새겼다.

명문의 내용은 衛尉寺의 主夫同正 李公弼 등이 국왕과 나라의 평안을 빌고 돌아가신 부모를 追善 발원한 것이다. 위위시는 고려시대에 儀式과 儀仗에 필요한 물품과 병기 등을 관장하는 기구였다. 그리고 主夫는 종6품의 注簿를 가리키는 듯하며, 그런 사례로는 李軾墓誌銘(1156년)에서 試司宰主夫, 崔鯉墓誌銘(1188년)에서 主夫同正, 金允濟墓誌銘(1214년)에서 軍器主夫 등으로 표기한 것을 확인할 수 있다.

2) 原文

大定十九[2]年己亥五月日祝聖壽萬年國內泰平干弋永息法界生□共證菩提結愿四衆各證福壽先亡父母自他一時成佛道□[3]主衛尉主夫同正李公弼

---

1) 黃壽永, 1981, 『韓國金石遺文(제3판)』, 一志社.

2) 黃壽永, 위의 책의 판독문에서는 '十九'의 '十'을 누락하였다.

3) 黃壽永, 위의 책에서는 '歲'로 판독하였다.

□崔氏4)

3) 飜譯文

대정(大定) 19년 기해(己亥) 5월 일, 임금님께서 만수무강하시고 국내(國內)가 태평하며 전쟁이 영원히 없어지고 법계(法界)의 생□(生□)들이 함께 깨달음을 증득(證得)하며 발원(發願)을 맺은 사부대중(四部大衆)들이 각기 복(福)과 장수(長壽)를 증득하고 먼저 돌아가신 부모님께서 자타(自他) 함께 불도(佛道)를 이루기를 축원합니다.

□주(□主) 위위시(衛尉寺) 주부동정(主夫同正) 이공필(李公弼)

□최씨(□崔氏)

[참고문헌]

李浩官, 1967, 「青銅禁口銘文 追記」, 『考古美術』8-2.

黃壽永, 1981, 『韓國金石遺文(제3판)』, 一志社.

許興植, 1984, 『韓國金石全文』中世下, 亞細亞文化社.

한국금석문종합영상정보시스템 http://gsm.nricp.go.kr

4) 이 부분은 다른 부분과 달리 '主夫同正李公弼'의 옆에 행을 달리하여 새겨져 있다. 黃壽永, 위의 책에서는 '□者氏'로 판독하고, 許興植, 1984, 『韓國金石全文』中世下에서는 '妻陳氏'로 판독하였다.

17. 大定19年銘飯子

1) 解題

이 청동제 반자는 1179년(명종 9)에 제작된 것이며, 현재 국립중앙박물관에 소장되어 있다. 반자는 공양시간을 알리거나 의식에서 梵音을 내기 위해 사용한 불교용구이다.

이 반자의 크기는 앞면의 지름이 42.5cm, 옆면의 너비 9cm, 뒷면 구연부의 폭 4.7cm이다. 앞면은 동심원을 사용하여 세 부분으로 구분하고, 중앙에 蓮顆子(연밥)와 연꽃잎무늬를 배치하고, 내구에는 무늬가 없으며, 외구에는 네 곳에 꽃무늬를 배치하였다. 옆면에는 두 개의 고리를 달았다. 옆면의 중간에 선을 양각하였으며, 한쪽에 명문을 두 줄로 음각하였다.

명문은 무신집권기에 만든 것 답게 京軍조직에 속한 神虎衛의 무관이 국왕에 대한 축수과 先亡 가족들의 왕생을 기원하여 반자를 만들었다는 내용이다. 그 무관의 신분을 散職으로는 散員同正(정8품)이며 실직은 行隊正이라고 표시하였다. 대정은 品外의 무관직이었는데, 이 반자의 명문은 대정이 行守法의 대상이 되었던 것을 보여주는 사례로서 주목된다. 그리고 一嵒坊이라는 方里 명칭이 기록되었지만 다른 사료에서는 확인되지 않는다.

2) 原文

奉佛 … 高麗國存一[1]嵒[2]坊□五里居住神虎衛散員同正行隊[3]正 … 領理國邦家[4]干戈永息祝□聖壽 …

亡妻 … 氏先亡父六親並只往性[5]淨界之願新師京西夜 … 納飯子 … 副入重貳拾伍斤大定

---

1) 許興植, 1984,『韓國金石全文』中世下에서는 '一'을 누락하였다.
2) '一嵒'은 '西강(口+口+山)'으로 판독할 수도 있겠다.
3) 黃壽永, 1981,『韓國金石遺文(제3판)』에서는 '像'으로 판독하였다.
4) 黃壽永, 위의 책과 許興植, 위의 책에서 '衆'으로 판독하였다.
5) '性'은 '生'의 誤記인 듯하다. 許興植, 위의 책에서는 '並只往生' 부분을 '善往性'으로 판독하였다.

十九年己亥二月日鑄成

3) 飜譯文

부처님을 받드는 … 고려국(高麗國)의 일암방(一嵒坊)[6] □5리에 거주(居住)하는 신호위(神虎衛) 산원동정(散員同正) 행대정(行隊正) … 국가가 잘 다스려지고 전쟁이 영원히 종식되며 임금님께서 만수무강하시기를 축수하며 …

사망한 처(妻) …씨, 먼저 사망하신 아버지 등 6친(六親)이 모두 정토(淨土)세계에 왕생하기를 기원하며, (이하 해석 불명) … 반자(飯子)를 바칩니다. … 무게는 25근(斤)이 들었습니다. 대정(大定) 19년 기해(己亥) 2월 일에 주조하여 만들었습니다.

[참고문헌]

黃壽永, 1981, 『韓國金石遺文(제3판)』, 一志社.
許興植, 1984, 『韓國金石全文』中世下, 亞細亞文化社.
沈奉謹, 1986, 「고려 佛具의 分析-靑銅飯子를 中心으로-」, 『石堂論叢』11.
한국금석문종합영상정보시스템 http://gsm.nricp.go.kr

6) 坊의 명칭인 듯하지만, 다른 사료에서는 확인되지 않는다.

18. 大定20年銘青銅磬子

1) 解題

이 청동제 경자는 크기가 입지름 30cm, 바닥 지름 19.8cm이고, 바닥 두께 0.4cm, 높이는 15cm이다. 1995년 진주시 명석면 남성리 312번지에서 향로·촛대·청동손잡이·원형동기 등과 함께 출토되어 현재 국립진주박물관에 소장되어 있다.

경자는 독경이나 범패 등의 의식에서 사용하는 법음구이며, “磬子”라고 표기하는 것이 보통이지만 이 유물에서는 “鏡子”라고 표기하였다. 이 경자는 사발을 엎어놓은 모양이며, 가운데의 둥근 구멍(지름 약 2cm)에 고리를 달아 법당에 걸어두거나 탁자 위에 두고 두드려서 소리를 낸 것으로 보인다.

명문은 입구의 가장자리를 돌아가면서 음각되어 있다. 조성연대는 대정 20년 즉 1180년(명종 10)이다. 乙, 良中, 爲遣 등의 이두가 사용되었으며, 晋州牧의 鄭·河·姜 등 土姓을 사용하는 향리층이 발원하여 조성하여 그 지역의 長興寺에 시납한 사실이 기록되었다. 특히 12세기 후반에 詔文記官, 記官 등의 향리 직제가 사용되고 있었음을 보여주는 유물로서 중요하다. 같이 출토된 향로와 청동손잡이에도 “長興寺”라는 명문이 음각되어 있다.

2) 原文

大定二十年庚子三月日造上晋州牧詔文記官鄭奇柱河元度記官姜敏佾東表元緒鄭義[1]鄭瞻[2]得謙益[3]壽鄭瑜仁令義仁ホ[4]同心爲鏡子一重六斤八兩乙造成爲州地長興寺良[5]中排置[6]爲遣□□[7]

---

1) 『고려시대를 가다』의 판독문에는 ‘鄭義’가 누락되었다.

2) 『重要發見埋葬文化財圖錄』3에는 ‘瞻’을 ‘膽’으로 판독하였고, 『韓國古代中世 地方制度의 諸問題』에서는 ‘瞻’을 ‘贍’으로 판독하였으며, 두 책 모두 ‘瞻’과 ‘得’ 사이에 판독불능의 글자가 하나가 더 있는 것으로 표시하였다.

3) 『重要發見埋葬文化財圖錄』3과 『고려시대를 가다』, 『韓國古代中世 地方制度의 諸問題』의 판독문에는 판독불능의 두 글자로 표시하였지만 글자 형태가 ‘益’에 가깝다.

3) 飜譯文

대정 20년 경자 3월 일에 만들어 바칩니다.

진주목 조문기관 정기주, 하원도, 기관 강민일, 동표, 원서, 정의, 정첨, 득겸, 익수, 정유, 인령, 의인 등이 마음을 같이 하여 경자 하나, 무게 6근 8량을 조성하여 주(州) 땅의 장흥사에 배치하고 …

[참고문헌]

문화재관리국, 1998, 『重要發見埋葬文化財圖錄』3.

노명호 외, 2004, 『韓國古代中世 地方制度의 諸問題』.

국립중앙박물관, 2007, 『고려시대를 가다』.

---

4) 『重要發見埋葬文化財圖錄』3과 『고려시대를 가다』, 『韓國古代中世 地方制度의 諸問題』의 판독문에는 판독불능의 두 글자로 표시하였지만 글자 형태가 '仁ホ'에 가깝다.

5) 『重要發見埋葬文化財圖錄』3에는 '良'과 '中' 사이에 판독불능의 글자가 하나 있는 것으로 표시하였다.

6) 『重要發見埋葬文化財圖錄』3과 『고려시대를 가다』, 『韓國古代中世 地方制度의 諸問題』의 판독문에는 판독불능의 두 글자로 표시하였지만 '排置'가 분명하다.

7) 『重要發見埋葬文化財圖錄』3과 『고려시대를 가다』의 판독문에는 '爲遣' 다음에 '注□□'로 판독하였는데, '注'는 분명하지 않고 그 다음 글자는 '印'으로 볼 수 있다.

19. 彌勒院鉡子

1) 解題

이 청동제 반자는 1191년(명종 21)에 제작된 것이며, 현재 서울특별시 종로구 원서동 한국불교미술박물관에 소장되어 있다.

크기는 앞면의 지름이 52cm, 측면의 너비가 10.5cm이다. 앞면은 돋은 동심원 세 개를 사용하여 구획하고, 당좌구에 蓮顆子(연밥)를 표현하고 내구에 연꽃잎무늬를 양각으로 부조하였다. 중구에는 문양이 없고 외구에 당초무늬를 양각으로 부조하였다. 옆면에는 세 개의 고리가 달려있다.

명문은 한 줄로 옆면에 해서체로 음각하였다. 명문의 글자 크기는 약 1.5cm 정도이다.

명문의 내용에 따르면 인제원을 미륵원으로 개칭하면서 반자를 조성하여 걸었다고 하였다. 『新增東國輿地勝覽』 권17 公州牧 驛院條에 따르면 인제원이 州의 북쪽 52리에 있다고 하였는데, 동일한 원이었는지는 확인할 수 없다. 고려시대에는 원을 불교사찰에서 운영하였으며, 내왕이 많은 교통로상에 위치하여 여행자들에게 숙식편의를 제공하고 우마용 꼴을 제공하였다. 또 원에서 굶주리거나 병든 사람들을 구휼하가도 하였다. 불교계에서 원을 운영한 것은 功德思想, 慈悲思想, 布施思想 등에 바탕을 둔 것이다.

이 명문을 통하여 미륵원에 반자를 조성할 때 동량 역할을 한 사람이 道人 즉 승려였으며, 반자의 무게가 43근 8냥이었음을 알 수 있다.

2) 原文

明昌二年庚戌十一月日公州土車懸甪[1]仁濟院改號弥勒院懸排鉡子壹入重肆拾參斤捌兩印　棟梁道人孝安

---

1) 黃壽永, 1981, 『韓國金石遺文(제3판)』과 許興植, 1984, 『韓國金石全文』中世下에서는 '仞'으로 판독하였다. 甪은 角의 僞字라고 한다.

3) 飜譯文

명창(明昌) 2년 경술(庚戌) 11월 일, 공주(公州) 땅 … (해석불명) … 인제원(仁濟院)을 미륵원(弥勒院)이라고 이름 바꾸고, 반자 (鉡子) 하나를 걸었습니다. 무게는 43근 8량이 들어갔습니다. 끝. 동량(棟梁)은 도인(道人) 효안(孝安)입니다.

[참고문헌]

黃壽永, 1981, 『韓國金石遺文(제3판)』.

許興植, 1984, 『韓國金石全文』 中世上, 亞細亞文化社.

沈奉謹, 1986, 「고려 佛具의 分析 -青銅飯子를 中心으로-」, 『石堂論叢』11.

李炳熙, 2009, 「高麗時期 院의 造成과 機能」, 『高麗時期 寺院經濟 研究』.

한국금석문종합영상정보시스템 http://gsm.nricp.go.kr

20. 泰和2年銘半子

1) 解題

이 청동제 반자는 1202년(신종 5)에 만들어졌으며, 1967년에 강원도 원성군 흥업면에서 출토되었다. 현재 한국불교미술박물관에 소장되었다.

반자의 크기는 지름 33cm, 측면의 폭이 9.8cm이다. 표면에는 삼중의 동심원을 두르고, 내구에는 많은 蓮顆子(연밥)를 배치하였다. 중구에는 연꽃무늬를 양각하였으며, 외구에는 流雲무늬를 새겼다. 측면에는 두 개의 고리를 위쪽에 달았으며, 당초무늬를 새겼다.

명문은 측면에 2행으로 음각되어 있다. 만든 시기, 발원내용, 棟梁, 寺主, 만든 匠人 등을 기록하였다. 명문에 나오는 丹丘는, 『新增東國輿地勝覽』 권46 江原道 原州牧 驛院條에 따르면 丹丘驛으로서 원주의 동쪽 7리에 있었다고 하며, 현재는 강원도 원주시 단구동 지역이다. 前長은 前 驛長을 가리킨다. 고려 현종 13년에 향리들의 칭호가 혼잡하다고 하여 일반 군현의 향리는 戶長이라고 칭하고 향·부곡·津·驛의 향리는 長이라고만 칭하게 하였다.

명문에는 格助詞 이두인 以가 쓰였다.

2) 原文

聖壽久長萬民安泰之願以棟梁丹丘[1]前長不長

泰和貳年壬戌三月日記　寺主重大師文□[2]大匠和尙[3]鑄成半子壹坐入重捌斤貳兩印

---

1) 文明大, 1967, 「泰和貳年銘半子」, 『考古美術』8-5에서는 '丹丘'를 '比丘'로 판독하였다.
2) '德'으로 읽을 수 있는 가능성이 있다. 문명대, 위의 논문에서는 '楨'으로 판독하였다.
3) 문명대, 위의 논문에서는 '和尙'을 '初問'으로 판독하였다.

3) 飜譯文

임금님께서 만수무강하시고 만민이 편안하고 태평하기를 바라는 발원으로써, 동량(棟梁)인 단구(丹丘 : 丹丘驛)의 전장(前長)인 부장(不長)이 태화(泰和) 2년 임술(壬戌 : 신종 5, 1202) 3월 일에 기록합니다.

사주(寺主)인 중대사(重大師) 문□(文□), 대장(大匠) 화상(和尙)이 반자(半子) 1좌(坐)를 주조하여 만들었으며, 무게는 8근(斤) 2량(兩)이 들어갔습니다. 끝.

[참고문헌]

文明大, 1967, 「泰和貳年銘半子」, 『考古美術』8-5(통권 82).

黃壽永, 1981, 『韓國金石遺文(제3판)』, 一志社.

許興植, 1984, 『韓國金石全文』 中世下, 亞細亞文化社.

沈奉謹, 1986, 「고려 佛具의 分析-靑銅飯子를 中心으로-」, 『石堂論叢』11.

최응천·김연수, 2003, 『금속공예』, 솔출판사.

한국금석문종합영상정보시스템 http://gsm.nricp.go.kr

21. 泰和7年銘資福寺鉡子

1) 解題

1207년(희종 3)에 제작된 청동제 반자이며, 鉡子(盤子, 飯子, 半子)는 공양시간을 알리거나 의식 때 사용하는 梵音具이다. 이 반자의 크기는 겉면의 지름 31.2cm, 옆면의 너비 6.3cm이다. 현재 경희대 중앙박물관에 소장되어 있다.

이 반자는 표면의 중심에 蓮花座를 두고 蓮顆子(연밥)를 표현하였다. 그리고 세겹줄로 된 동심원을 둘러 내외 2구로 구획하고 당초무늬형식의 구름무늬를 배치하였다. 옆면에는 3개의 고리를 붙였으나 현재는 2개만 남아 있다.

명문은 측면에 2행으로 64자가 음각되어 있고, 글자의 크기는 1.5cm이다. 개경에 있던 玄化寺의 승려 大公이 발원하여 陽根縣(현재의 경기도 양평군) 奉日鄕에 있던 資福寺에 반자를 조성한다는 내용이다. 자복사는 고려시대 각 군현에서 왕의 장수와 나라의 안녕 등을 기원하고 그 지역을 방문한 외빈을 접대하며 읍민들을 불교이념으로 결집하기 위하여 설치한 사찰이었던 것으로 추정된다. 명문상의 泰和는 금나라 章宗 연간인 1201년부터 1208년까지 사용된 연호이다.

2) 原文

聖壽天長隣兵永息師尊無病[1]長存先亡父母及法界衆生往淨界之愿陽根奉日鄕資福寺

鉡子六[2]重十斤造成功德者時泰和七年丁卯二月日玄化寺大師大公

---

1) 黃壽永, 1981『韓國金石遺文(제3판)』에서는 '疾'로 판독하였다.

2) 글자의 형태는 六에 가깝지만, 이만한 크기의 반자 6개를 조성하는 데 무게 10근이 들어갔다고 해석하는 것도 이상하고, 아니면 무게 10근짜리 반자 6개를 조성했다고 해석하더라도 한 사찰에 그만한 숫자의 반자를 조성할 필요가 있었겠는가 하는 점은 의문이다. 혹시 '六'을 '二入'으로 본다면 "반자 2개를 무게 10근씩을 들여 조성합니다."라고 해석할 수 있겠다. 반자 2개를 조성한 예는 大德9年銘判子의 사례에서 볼 수 있다.

3) 飜譯文

임금님께서 오래 사시고, 이웃 나라의 침략이 영원히 없어지며, 스승님(師尊)께서 무병장수하시고, 돌아가신 부모님과 법계(法界)의 중생들이 정계(淨界 : 淨土)에 왕생(往生)하시기를 바라는 기원으로, 양근(陽根) 봉일향(奉日鄕) 자복사(資福寺)에 반자(鉡子) 6개를 무게 10근으로 조성합니다. 공덕을 닦은 이는 태화(泰和) 7년 정묘(丁卯) 2월 일에 현화사(玄化寺) 대사(大師) 대공(大公)입니다.

[참고문헌]

黃壽永, 1981, 『韓國金石遺文(제3판)』, 一志社.

許興植, 1984, 『韓國金石全文』 中世下, 亞細亞文化社.

沈奉謹, 1986, 「고려 佛具의 分析 -靑銅飯子를 中心으로-」, 『石堂論叢』11.

金潤坤, 2000, 「고려시대 慶尙道지역의 사원과 불교문화」, 『한국중세사연구』9.

한기문, 2011, 「고려시대 資福寺의 성립과 존재양상」, 『民族文化論叢』49.

한국금석문종합영상정보시스템 http://gsm.nricp.go.kr

22. 鳳安寺鐘

1) 解題

이 동종은 1216년(고종 3)에 만들어져 현재 국립광주박물관에 보존되어 있다. 크기는 높이가 22.5cm, 입지름은 14.3cm, 두께 0.9cm의 작은 종이다.

봉안사는 『동국여지승람』에 기록되어 있으나, 18세기 후반의 『輿地圖書』에는 이미 폐사된 것으로 기록되었다. 사찰의 위치는 경기도 안성시 大德面 蘇峴里로 추정되고 있다. 1937년 6월 29일자 동아일보와 매일신보의 보도에는 이 절터에서 5층석탑, 無頭石佛(길이 두자), 사리탑(높이 9척 5촌, 둘레 10척 2촌) 등이 발견되었다고 하였는데, 현재는 행방을 알 수 없다.

종의 맨 위에 音筒과 龍鈕가 있고, 천판 외연을 돌아가며 立狀花紋帶를 돌출시켜 둘렀다. 상대와 하대, 그리고 乳廓帶에는 당초무늬를 새겼다. 종신에는 撞座 2개와 구름 위에 앉아 합장한 모습의 보살상 2軀를 교차시켜 배치하였다.

명문은 종신에 두 부분으로 나누어 9행으로 點刻하였다. 시주는 안성현의 土姓인 李씨 성을 가진 戶長이고, 동량을 맡은 智居라는 인물은 승려인 듯하다. 그리고 고려중기부터 파견되기 시작하는 외관인 '監務'와 그 무렵부터 등장하는 향리직제인 '記官'을 감독자로서 기재한 것이 주목된다. 안성현에는 명종 2년(1172)부터 감무가 파견되었다.

2) 原文

[安]城[縣][1]鳳安寺
鍾入重三斤八[兩][2]貞
祐四年六月日鑄
　施主戶長李光□

---

1) '目 + 阝'의 형태이다.

2) 許興植, 1984, 『韓國金石全文』中世下에서는 '刄'으로 판독하였다.

棟梁智[3]居

丙子

監[4]

監務 □

記官□□

3) 飜譯文

안성현(安城縣) 봉안사(鳳安寺)의 종(鍾)입니다.
무게는 3근(斤) 8량(兩)이 들었으며,
정우(貞祐) 4년(1216년, 고종 3) 6월 일에 주성(鑄成)하였습니다.
시주(施主)는 호장(戶長) 이광□(李光□)이고,
동량(棟梁)은 지거(智居)입니다.
병자년.

감독한 것은
감무(監務) □[5]
기관(記官) □□

[참고문헌]

朝鮮總督府, 1920, 『朝鮮古蹟圖譜』7.
藤田亮策, 1959, 「高麗鐘の銘文」, 『朝鮮學報』14, 朝鮮學會.
黃壽永, 1981, 『韓國金石遺文』제3판, 一志社.
許興植, 1984, 『韓國金石全文』中世上, 亞細亞文化社.
廉永夏, 1991, 『韓國의 鐘』, 서울대학교출판부.
국립문화재연구소, 1996, 『한국의 범종』.
한국금석문종합영상정보시스템 http://gsm.nricp.go.kr

3) 許興植, 위의 책에서는 '替'로 판독하였다.
4) 이하의 글자들은 본문과 떨어져서 반대쪽 면에 따로 새겼다.
5) 手決인 듯하다.

23. 貞祐5年銘奉業寺盤子

1) 解題

봉업사는 경기도 안성시 죽산면 죽산리에 소재했던 사찰이다. 최근 사지를 발굴한 결과 통일신라시기의 명문기와가 많이 출토되었고 원래 이름이 華次寺였음을 알게 되었다. 현재 사지에는 고려 초에 조성된 것으로 보이는 5층석탑(보물 435호)과 당간지주가 남아있고, 인근의 칠장사에 옮겨져 있는 석불입상(보물 제983호)도 봉업사에 있던 것이다.

이 반자는[1] 1217년(고종 4)에 만들어졌으며, 1966년 봉업사지의 경지정리작업 중에 청동제 香垸, 鐵鐘, 光明臺 등의 유물과 함께 출토되었다. 청동제로서 크기는 지름 61cm, 너비 12.9cm이다. 앞면은 두 줄의 동심원을 사용하여 구획하고, 당좌구에 蓮顆子(연밥)를 표현하고 내구에 연꽃잎무늬, 외구에 구름과 여의두무늬를 부조하였다. 옆면에 세 개의 고리를 달았고, 옆면 중앙의 융기선 좌우에 銘文을 새겼는데, 글자는 해서체이고 크기는 약 1.5~2cm 정도이다. 현재 연세대학교 박물관에 소장되었고, 보물 576호로 지정되었다.

명문을 통하여 볼 때 이 반자의 조성 발원자는 봉업사의 승려였다. 그리고 작업에 참여한 장인조직이 上大匠·大匠·三大匠 등으로 구성된 점과 都色이라는 주성사업 책임자의 직임을 승려가 맡았던 점 등을 알 수 있다.

명문상에 등장하는 竹州는 현재의 죽산면 지역에 해당하며, 신라 때에는 介山이라고 하다가 고려 초에 竹州라고 고쳤고, 成宗 때 團練使를 두었다가 穆宗 때 폐지하고, 顯宗 9년(1018)에 廣州의 속현이 되었으며, 明宗 2년(1172)에 監務를 파견하였다. 고려시대에 봉업사에는 태조의 영정을 두었는데, 1363년(공민왕 12)에 홍건적을 피해 안동으로 몽진했던 공민왕이 귀로에 봉업사에 들러 태조의 眞殿에 참배했다는 기록이 전한다.[2] 이 지역은 신라말 고려초기에 호족 箕萱이 자리 잡았던 곳이며, 궁예도 한때 기훤의 휘하에서 활동하였다. 다

1) 盤子는 소리를 내어 종교적 분위기를 높이기 위해 사용하는 佛具이다. 半子, 飯子, 般子, 鉡子, 判子 등 다양한 명칭으로도 불리며, 片面 형식으로 되어 있어서 양면형식의 金鼓, 禁口와는 구별되지만, 양자를 구분하지 않고 통칭해서 부르기도 하였다.(沈奉謹, 1986, 「고려 佛具의 分析－青銅飯子를 中心으로－」, 『石堂論叢』11)

2) 『고려사』 권40 공민왕 12년 2월 丙子 "次竹州 謁太祖眞于奉業寺"

시 말하여 이 지역에 강력한 호족세력이 자리 잡고 있었고, 이후 고려에 통합된 뒤 원래 화차사로 불렸던 사찰을 중창하여 봉업사로 개칭하고 태조의 영정을 모시게 했던 것으로 보인다.

사지에서 출토된 기와 중에 고려 광종 때 연호인 峻豊과 10세기 후반의 乾德·太平興國 등이 새겨진 것이 있는 것을 볼 때, 봉업사는 고려초기에 중창되었을 가능성이 크다.

2) 原文

秋[3)]

貞祐五年歲在丁丑名字沙門粲謙住于此竹州奉業寺發愿鑄成印

上大匠夫金大匠阿角三大匠景文都色大師洪植

3) 飜譯文

정우(貞祐) 5년(1217) 정축년 가을에 명자(名字) 사문(沙門) 찬겸(粲謙)이 이 죽주(竹州) 봉업사(奉業寺)에 머물면서 발원(發願)하여 주성(鑄成)하였습니다. 끝.

상대장(上大匠)은 부금(夫金), 대장(大匠)은 아각(阿角), 삼대장(三大匠)은 경문(景文), 도색(都色)은 대사(大師) 홍식(洪植)입니다.

[참고문헌]

黃壽永, 1976, 『韓國金石遺文(제3판)』, 一志社.

許興植, 1984, 『韓國金石全文』中世下, 亞細亞文化社.

沈奉謹, 1986, 「고려 佛具의 分析-青銅飯子를 中心으로-」, 『石堂論叢』11.

金成煥, 1999, 「竹州의 豪族과 奉業寺」, 『文化史學』11·12·13, 한국문화사학회.

京畿道博物館·安城市, 2002, 『奉業寺』, 경기도박물관.

최응천·김영수, 2003, 『금속공예』, 솔출판사.

한국금석문종합영상정보시스템 http://gsm.nricp.go.kr

3) '秋'자는 '丁'과 '丑'의 사이의 옆에 추가하여 새겨 놓았다.

24. 青林寺鐘

1) 解題

이 종은 청동제로서, 명문에 따르면 1222년(고종 9)에 만들어졌다. 1850년(조선 철종 즉위년) 전라북도 부안군 상서면 청림리 청림사지에서 출토되었으며, 현재 보물 277호로 지정되었고, 부안군 진서면 석포리 내소사에 보관되어 있다.

종의 높이는 105cm, 입 지름이 67cm이다. 용뉴와 음통을 갖추었으며, 종 몸통의 상대와 하대에 당초무늬를 새겼다. 어깨부분에는 立狀花文帶 장식이 높게 돌출되어 있다. 上帶 아래의 乳廓에는 連珠와 당초무늬를 새겼고, 네 곳의 撞座는 12엽 중판의 연꽃무늬로 장식하였다. 유곽과 유곽 사이에는 만개한 연꽃이 받치고 있는 구름 위에 三尊像을 새겼는데, 본존은 연꽃 위에 앉아 있고, 좌우의 脇侍보살입상은 합장을 하고 서 있다. 삼존상의 위에는 구름 위로 바람에 흩날리는 천개가 표현되었다. 이 종은 양식이나 문양 등의 측면에서 13세기에 만들어진 고려 종 가운데 뛰어난 작품으로 평가받고 있다.

종의 하단 당좌와 당좌 사이의 3곳에 銘文이 새겨져 있다. 원래 이 종의 소장처였던 청림사와 관련하여『新增東國輿地勝覽』권34 扶安縣 佛宇條에 靑臨寺가 기록되어 있는데, 그것과 동일한 사찰이라면 청림사는 조선시대 어느 때인가 폐사가 되고 종은 땅 속에 매몰되었다가 19세기 중반에 종이 출토되어 내소사에 옮겨진 것으로 보인다. 그리고 이 종을 만든 韓冲叙는 당시 고려의 대표적인 鑄金匠이었는데, 그가 만든 崇慶二年銘高嶺寺飯子(1214년, 강종 2년), 戊戌銘神龍寺小鐘(1238년, 고종 25년), 戊戌銘福泉寺飯子(1238년, 고종 25년), 壬子銘安養寺飯子(1252년, 고종 39년) 등의 유물이 현재까지 전하고 있다. 그리고 각 명문에 따르면 그는 匠人으로서 侍衛軍으로부터 別將同正까지의 직을 역임하였다.

2) 原文

(1) 靑林寺銘

扶寧邊山中有靑林　三韓前寺革古鼎今

堂宇宏麗禪侶盍簪　命白公等鑄發鯨音

停離[1]輪苦警悟昏沉　凡有耳者開覺本心

壬午六月日社主禪師湛默誌

(2) 貞祐十年六月日社主禪師湛默誌[2]

(3) 貞祐壬午六

月初七日邊山

靑林寺金鍾

鑄成入重七百

斤　棟梁

道人虛白

道人宗□[3]

匠韓沖敍

(4) 余己酉九月七日卜居

靑林翌年九月七日鑿

此金鐘移懸于來蘇[4]寺

銘曰性保金剛體法轉

輪聞聲悟心花開實新

崇禎紀元後四癸丑九月

二十七日隱士金性圭記

而施焉　持殿完岩正宇

1) '離'의 異形字인 '文+隹'로 되어 있다.

2) 黃壽永, 1981, 『韓國金石遺文(제3판)』에서는 '記'로 읽었다. 그런데 이 부분은 원래 (1)의 끝 부분을 새겼다가 지운 흔적이 남은 듯하다.

3) 黃壽永, 위의 책에서는 '諡'으로 추정하였다.

4) 禾와 魚획의 위치가 바뀐 異形字로 되어 있다.

3) 飜譯文

(1) 청림사명(靑林寺銘)

“부녕(扶寧)의 변산(邊山)에 청림사(靑林寺)가 있으니

삼한(三韓) 이전의 사찰인데, 옛 것을 고쳐 혁신하였네.

건물[堂宇]들은 크고 화려하며, 선승(禪僧)들이 많이 모였구나.

백공(白公) 등을 시켜 종을 만들어 소리를 울려

윤회(輪回)의 고통에서 벗어나 어지럽고 흐린 것을 깨우치게 하니

모든 귀가 있는 이들은 본심(本心)을 열어 깨달으리라.”

임오년(壬午年 : 1222, 고종 9) 6월 일 사주(社主) 선사(禪師) 담묵(湛黙)이 기록합니다.

(2) 정우(貞祐) 10년 6월 일 사주(社主) 선사(禪師) 담묵(湛黙)이 기록합니다.

(3) 정우 임오년(壬午年, 1222, 고종 9) 6월

초7일 변산

청림사 금종(金鐘)을

주조하여 만드니, 무게가 700근입니다.

동량(棟梁)은

도인(道人) 허백(虛白)과 도인 종□(宗□)이며,

장인(匠人)은 한중서(韓冲叙)입니다.

(4) 내가 기유년(己酉年, 1849, 철종 즉위년) 9월 7일에 청림에 복거하였다가 이듬해 9월 7일에 이 금종을 발굴하여 내소사(來蘇寺)에 옮겨 달았습니다.

명(銘)하기를, “본성(本性)은 금강(金剛)을 보전하고 법을 체득하여 법륜을 굴리네. 소리를 듣고 마음을 깨달으며, 꽃이 피어 열매가 새로우리라.”

숭정 기원후(崇禎紀元後) 네 번째 계축년(1853, 철종 4) 9월 27일 은사(隱士) 김성규(金性圭)가 기록하고 시주합니다.

지전(持殿)[5] 완암정우(完岩正宇)

---

5) 持殿은 知殿·殿主와 같은 사찰의 소임으로 보인다.

[참고문헌]

朝鮮總督府, 1919, 『朝鮮金石總覽』上.

朴敬源, 1981, 「高麗鑄金匠考-韓仲序와 그의 作品-」, 『考古美術』149.

黃壽永, 1981 『韓國金石遺文(제3판)』, 一志社.

許興植, 1984, 『韓國金石全文』中世下, 亞細亞文化社.

廉永夏, 1991, 『韓國의 鐘』, 서울대학교출판부.

최응천·김영수, 2003, 『금속공예』, 솔출판사.

성균관대학교박물관, 2005, 『고려시대금석문탁본전』(도록).

한국금석문종합영상정보시스템 http://gsm.nricp.go.kr

25. 利義寺飯子

1) 解題

이 청동반자는 1224년(고종 11)에 제작된 불교 梵音具이다. 충북 영동군 양산면 가곡리에서 출토되어, 현재 국립청주박물관에 보관되어 있다. 크기는 앞면의 지름이 33.7cm, 높이가 7.1cm, 뒤쪽 공명구의 지름이 26.5cm이다.

반자의 앞면은 돋은 원 2개를 배치하여 세 부분으로 나누어, 가운데는 4개의 蓮顆子(연밥)를 표현하고 내구에 연꽃잎 무늬를 표현하였으며 바깥부분에는 唐草와 구름무늬를 표현하였다. 옆면에는 2개의 고리를 달았으며, 음각으로 명문을 새겼다.

명문에는 "亦", "爲去乎ホ用良" 등의 이두가 사용되었다.

승려와 향리인 戶長, 散職인 檢校將軍 등이 함께 이 종을 조성하였으며, 성씨를 밝힌 인물들이 모두 같은 성씨(孫으로 추정)인 것도 주목된다. "이웃 나라의 침략이 영원히 없어지며 나라가 태평하기를 발원"한 배경과 관련하여, 이 종을 만든 시기의 상황이 대외적 긴장 관계가 높던 때였다는 점을 생각할 수 있다. 1218년 말 거란족이 대거 침입하고 그 과정에서 江東城의 전투를 매개로 이듬해 고려와 몽고 사이에 이른바 형제맹약이 성립되었는데, 몽골이 과도하게 공물을 징구하여 고려를 자극하였으며, 그나마 1225년에는 몽골사신 著古與 피살사건을 계기로 관계가 악화되었다.

2) 原文

貞祐十二年甲申正月日利義寺火香大師玄津亦同寺飯子小鍾等亦全闕爲去乎ホ用良奉[德]1)同都監仁守

正[孫]2)時用戶長[孫]俊書檢校將軍[孫]儒同心爲聖壽天長隣兵永息國土大平愿以造成懸排入重十一

1) 許興植, 1984, 『韓國金石全文』中世上에서는 '任'으로 판독하였고, 국립청주박물관·99청주국제공예비엔날레조직위원회, 1999, 『99청주국제공예비엔날레기념 고려공예전(도록)』에서는 '傳'으로 판독하였다.

斤印大匠仁天住夫

3) 飜譯文

정우(貞祐) 12년[3] 갑신(甲申) 정월 일에 이의사(利義寺)의 화향대사(火香大師) 현률(玄津)이 같은 절의 반자(飯子)·소종(小鍾) 등이 모두 없기 때문에 봉덕동(奉德同, 의미 불명) 도감(都監) 인수(仁守), 정(正) 손시용(孫時用), 호장(戶長) 손준서(孫俊書), 검교장군(檢校將軍) 손유(孫儒)가 마음을 함께하여, 임금님께서 오래 사시고 이웃 나라의 침략이 영원히 없어지며 나라가 태평하기를 발원하여 만들어 매달았습니다. 무게가 11근 들어갔습니다. 대장(大匠)은 인천(仁天), 주부(住夫)입니다.

[참고문헌]

黃壽永, 1981, 『韓國金石遺文(제3판)』, 一志社.

許興植, 1984, 『韓國金石全文』中世上, 亞細亞文化社.

李丞宰, 1992, 『高麗時代의 吏讀』, 太學社.

한국금석문종합영상정보시스템 http://gsm.nricp.go.kr

2) 許興植, 위의 책에서는 '巾'으로 판독하였고, 국립청주박물관·99청주국제공예비엔날레조직위원회, 위의 책에서는 '孫'으로 판독하였다.

3) 貞祐 연호는 금나라 宣宗 연간의 연호로서 1213년부터 1216년까지 사용되었다. 이 종이 만들어진 1224년은 哀宗이 즉위하여 正大 연호를 사용하기 시작한 때였지만, 이 종명에서는 정우 연호를 계속 사용하였다.

26. 塔山寺鐘

1) 解題

이 청동제 종은 전라남도 해남군 삼산면 대흥사 성보박물관에 소장되어 있으며, 보물 88호로 지정되었다. 만들어진 시기는 알 수 없으나 명문의 癸巳年 기록 등을 근거로 1233년(고종 20)에 만들어졌을 것으로 추정하고 있다.

종의 크기는 전체높이 77.8cm, 종높이 57.5cm, 입 지름 43.cm이다. 꼭대기에 3단의 輪帶로 구분된 음통이 있고 용뉴에는 입을 크게 벌리고 앞을 바라보고 있는 용을 역동감 있게 표현하였다. 天板 둘레에는 오각형 연꽃잎으로 立狀花文帶를 돌출 장식하였고, 그 내부에는 각각 불상을 조각하였다. 上帶와 下帶에는 위아래로 연주무늬를 돌리고 그 안에는 화려한 모란당초무늬를 장식했다. 당좌는 4개이며 연주문대 안에 8엽 중판의 연꽃잎무늬를 장식하였다. 당좌 사이에는 구름연화좌 위에 앉아 있는 보살상을 배치하였다.

몸체의 보살상 아래에 두가지 명문 곧 계사년의 명문과 萬曆 20년(1593년)의 추각명문이 음각으로 새겨져 있다. 계사년의 명문은 처음 종을 만들 때 승려와 향리 등이 발원하여 만든 사실을 적은 것이고, 추각명은 조선 중기에 銃筒을 만들기 위해 종을 징발하자 신도들이 구리와 쇠 등을 모아 시납한 상황을 기록한 것이다. 기존에는 두 가지 명문 중 계사년의 명문만을 주목하여 고려시대의 동종으로 설명하였는데, 최근 명문에 대한 상세한 고찰과 함께, 계사년 명문은 본래 이 종에 새겨져 있던 것이 아니라 다른 종에 새겨져 있던 것을 후대에 옮겨 적은 것일 가능성이 있다는 의견이 제시되었다.[1] 그 사정과 관련하여 조선 중기에 총통을 만들기 위해 본래의 종이 징발되었을 때 신도들이 철물 등을 모아 대신 납부하고 종을 되찾아오려 하였지만 이미 종이 깨뜨려져서 대신 다른 고려종을 구해 절에 안치하고 거기에 본래 있던 종의 명문을 옮겨 적은 것이라고 추정하였다.

계사년 명문의 語山鄕은 『新增東國輿地勝覽』 권37 長興都護府 古跡條에 따르면 장흥도호부의 남쪽 12리에 있다고 하였으며, 현재 장흥군 용산면 어산리 지역에 해당한다고 추정

---

1) 김희태, 2009, 「고려시대의 천관사 탑산사와 탑산사 동종의 명문」, 남도불교문화연구회 발표자료.
최연식, 2011, 「海南 大興寺 所藏 塔山寺銅鐘 銘文의 재검토」, 『木簡과 文字 연구』5.

된다. 그리고 어산향의 토성에 任씨가 있어서, 명문에 기록된 戶長 任仲山의 성씨와 일치한다.[2] 또 고려후기 승려인 天因의 天冠山記와 조선후기 許穆의 天冠山記에 장흥 천관산에 탑산사가 있는 것이 기록되어 있다.[3]

2) 原文

(1) 癸巳十月日[語山鄕][4]
[資福]塔山[5]寺火香僧[6]上玄智
長ホ於非戶長任[7]仲山ホ同愿
金鍾入重捌拾斤印
([ ]안의 글자는 지워진 글자임)

(2) ① 萬曆二十一年 癸巳[8]十二月日仍倭[9]變銃
筒鑄成□[10]塔山寺鍾取來破
造故同[11]鍾今[12]銅鉄收合入納
还[13]本寺上鉄物大施主
金呂生次[14]知勸善

---

2) 任仲山을 語山鄕의 戶長이라고 볼 때, 현종 13년(1022)에 일반 군현의 경우에 戶長이라고 칭하고 부곡제 지역의 경우에는 長이라고 칭하게 한 조치와 어긋나는 문제가 있다.(『고려사』 권75, 選擧3 鄕職 현종 13년 4월)
3) 『東文選』 권68, 天冠山記; 『記言』 권28 下篇, 天冠山記
4) 坪井良平, 1974, 『朝鮮鐘』, 角川書店에서는 '洛山面'으로 판독하였다.
5) 원래 '資福'이라고 새겼다가 지우고 그 위에 '塔山'이라고 새겼다.
6) 黃壽永, 1981, 『韓國金石遺文(제3판)』에서는 '徒'로 판독하였으나 최연식, 앞의 논문에서는 '僧'으로 판독하였다. 火香僧은 利義寺飯子의 火香大師와 비슷한 소임으로 보인다.
7) 黃壽永, 위의 책에서는 '住'로 판독하였다.
8) 추기한 부분으로, 기존에는 '己亥'로 판독하였는데 김희태, 앞의 논문에서는 '癸巳'로 판독하였다.
9) 黃壽永, 위의 책에서는 판독불명으로 처리하였는데, 김희태, 앞의 논문에서는 '爾'로 판독하고 '倭'로 볼 수도 있다고 하였다. 최연식, 앞의 논문에서는 '倭'로 판독하였다.
10) 黃壽永, 위의 책에서는 '於', 김희태, 위의 논문에서는 '及'으로 판독하였다. 최연식, 앞의 논문에서는 판독불명으로 처리하였다.
11) 黃壽永, 위의 책에서는 판독불명으로 처리하였으나, 김희태, 앞의 논문에서는 '故同'으로 판독하였다.
12) 黃壽永, 위의 책에서는 판독불명으로 처리하였으나, 김희태, 앞의 논문에서는 '今'으로 판독하였다.
13) 黃壽永, 위의 책에서는 '返'으로 판독하였으나, 김희태, 앞의 논문에서는 '还'로 판독하였다.
14) 黃壽永, 위의 책에서는 판독불명, 김희태, 앞의 논문은 '和', 최연식, 앞의 논문에서는 '次'로 판독하였다.

申石

金君汝

周永禧

周元

金希[15]里萬

② 李州林 鄭應秋 鄭乞 周男 李石貞 權風 張有千 申夢仚 林大男 李大卜 鄭永舟 金水淡

③ 金云 李彦上 申景發 周順氏 朴生午 申凝池 金景水 金心米 金成水 奴貴良 鄭仁世 鄭希春

④ 車勿金 權亾水 洪希水 趙如世 李官 良女根卜 金西大 金鶴 朴亐音同 姜允卜 姜忠衣

⑤ 尹希成 秦太卜 李順良 金水孫 業斤 河貴水 朴山海 鄭斤 朴彦武 勸善化主僧戒正

3) 飜譯文

(1) 계사년(癸巳年) 10월 일 語山鄕

자복사(資福寺, 뒤에 고친 것에 따르면 塔山寺) 화향승(火香僧) 상현(上玄)·지장(智長) 등이 어비(於非)[16] 호장(戶長) 임중산(任仲山) 등과 함께 발원합니다.

금종(金鍾)에 무게 80근이 들어갔습니다.

(2) 만력(萬曆) 21년(1593, 선조 26) 계사년 12월에 왜변(倭變)으로 인하여 총통(銃筒)을 만들 때 탑산사(塔山寺)의 종을 가져와서 깨뜨려 만들었습니다. 그렇기 때문에 그 종을 이제 동철(銅鉄)을 거두어 모아 납부하고[17] 본래의 사찰에 반환합니다. 철물(鉄物)의 대시주(大施主)는 김여생(金呂生), 책임을 맡아[次知] 권선(勸善)한 이는 신석(申石) [이하 시주 명단 생략] 권선한 화주는 승(僧) 계정(戒正)입니다.

---

15) 黃壽永, 앞의 책에서는 '角'으로 판독하였다.

16) 해석이 어렵다. 최연식, 앞의 논문에서는 '懸排'의 誤記일 것으로 추정하였다.

17) "그래서 이 종을 이제 銅鉄을 거두어 납부하고[故同鍾今銅鉄收合入納]" : 김희태, 앞의 논문의 판독에 의거하여 해석하였지만 문맥이 잘 통하지 않는다. 기존의 판독에서 읽지 못하였고, 사진에서도 확인되지 않는 '故同'과 '今' 등은 다른 글자로 판독될 가능성이 있다고 생각된다.

[참고문헌]

朝鮮總督府, 1919, 『朝鮮金石總覽』上.

葛城末治, 1935, 「大興寺の塔山寺鐘に就いて」, 『朝鮮金石攷』.

黃壽永, 1981, 『韓國金石遺文(제3판)』, 一志社.

許興植, 1984, 『韓國金石全文』中世下, 亞細亞文化社.

廉永夏, 1991, 『韓國의 鐘』, 서울대학교출판부.

최응천·김영수, 2003, 『금속공예』, 솔출판사.

성균관대학교 박물관, 2005, 『고려시대금석문탁본전』(도록).

김희태, 2009, 「고려시대의 천관사 탑산사와 탑산사 동종의 명문」, 남도불교문화연구회 발표자료.

최연식, 2011, 「海南 大興寺 所藏 塔山寺銅鐘 銘文의 재검토」, 『木簡과 文字 연구』5.

한국금석문종합영상정보시스템 http://gsm.nricp.go.kr

27. 大德9年銘判子

1) 解題

이 청동제 判子는 1305년(충렬왕 31년)에 만든 불교 梵音具이며, 국립경주박물관에 소장되었다. 명문을 보면 원래 두 좌의 판자를 만들었다고 하지만 현재는 1좌만 남아 있다.

크기는 앞면의 지름이 36cm, 옆면의 너비가 7.5cm이다. 앞면에 동심원을 돌려 撞座區, 내구, 외구로 나누었다. 당좌구에 蓮顆子(연밥)를 배치하고, 내구와 외구에 연꽃무늬를 표현하였으며, 외구의 바깥에는 당초무늬를 둘렀다. 옆면에는 두개의 고리를 달았다. 옆면의 중앙에 刻線이 있고, 그 양쪽에 명문을 새겼다.

명문에는 皇帝와 太子·諸王의 안녕, 천하태평과 풍년, 선망부모와 法界 망혼의 종교적 구원을 기원하는 내용과 함께, 발원한 사람들의 명단을 밝혔다. 여기서 황제와 태자는, 이 판자가 만들어진 시기가 元 간섭기이기 때문에, 원나라 황실을 의미한다. 발원자 3명과 함께 열거된 向徒는 불교신앙결사인 香徒를 달리 쓴 듯하다. 上師는 향도를 지도한 승려이고, 上尊·二尊·三尊은 향도의 직임인 듯하다. 그리고 匠人 세 사람의 이름도 기록하였는데, 모두 吳씨인 것이 특징적이다.

2) 原文

皇帝萬万歲太子諸王各保千秋干戈永息天下大平五穀豐登先亡父母法界亡魂自他隨喜共證菩提之願造玆判子二座 大德九年七月十六日造

同願三人 崔□次同　金[公][1] 三重法明[2] 同願向徒 上[3]師元照 上尊緣三 二尊上王[4]

---

1) 黃壽永, 1981,『韓國金石遺文(제3판)』과 許興植, 1984,『韓國金石全文』中世下에서는 '氏'로 판독하였다.

2) 黃壽永, 위의 책과 許興植, 위의 책에서는 '師'로 판독하였다.

3) 黃壽永, 위의 책과 許興植, 위의 책에서는 '大'로 판독하였다.

4) 黃壽永, 위의 책과 許興植, 위의 책에서는 '上王'을 '比丘'로 판독하였다.

□[5]子□木　　石李

三尊□□奴台[万]長□[次]人□之□[達]　　匠三人 吳□半吳孝良

洪三　　　　　　　　　四知□□　　　　　吳淥□

3) 解釋文

황제(皇帝)께서 만만세(萬萬歲)를 누리시고 태자(太子)·제왕(諸王)들이 각기 천추(千秋)를 보전하시며, 전쟁이 영원히 멈추고 천하가 태평하며, 온갖 곡식들이 풍년 들고, 돌아가신 부모님과 법계(法界)의 죽은 영혼들이 자타(自他) 모두 기뻐하며 함께 깨달음을 증득(證得)하기를 기원하여, 이에 판자(判子) 2좌(座)를 만들었습니다. 대덕(大德) 9년 7월 16일에 만들었습니다.

함께 발원(發願) 세 사람은 최□차동(崔□次同), 김공(金公), 삼중(三重) 법명(法明)이다. 함께 발원한 향도(向徒)는 상사(上師) 원조(元照)와 □자□목(□子□木), 상존(上尊) 연삼(緣三)과 석이(石李), 이존(二尊) 상왕(上王), 삼존(三尊) … (이하 불명) …과 홍삼(洪三)이다. 장인(匠人) 세 사람은 오□반(吳□半), 오효량(吳孝良), 오록□(吳淥□)이다.

[참고문헌]

자료소개, 1962, 「高麗 大德九年銘靑銅'判子'」, 『考古美術』3-7.
黃壽永, 1981, 『韓國金石遺文(제3판)』, 一志社.
許興植, 1984, 『韓國金石全文』中世下, 亞細亞文化社.
한국금석문종합영상정보시스템 http://gsm.nricp.go.kr

5) 黃壽永, 위의 책과 許興植, 위의 책에서는 '座'로 판독하였다.

28. 三日浦埋香碑

1) 解題

이 비석은 1309년(충선왕 원년)에 건립되었으며, 강원도 고성군 삼일포 남쪽 호반에 있었다고 하는데 현재는 실물을 확인할 수 없다.『海東金石苑』에 따르면 비의 크기는 높이 2척, 너비 2척 5촌이었다고 전한다. 탁본에 따르면 비문은 4면 총 40행 369자이며, 해서체로 된 글자의 크기는 2~3cm 정도이다.

비문의 내용은 江陵道存撫使 金天皓 이하의 지방관들이 주도하여 동해안 9개 지역에 도합 香木 1,500條를 埋香한 사실을 적었다. 매향 장소는 위로는 歙谷縣(지금의 통천군 지역)으로부터 아래로 平海郡(지금의 울진군 평해읍 지역)에 이르기까지 당시 강릉도존무사가 관할하는 지역이었다. 매향에 참여한 지방관들과 매향수량, 施納田畓의 양과 위치를 상세히 밝혀놓았다.

매향은 沈香을 만들기 위하여 향나무, 소나무, 참나무 등을 갯벌에 묻어두는 행위를 말한다. 미륵불의 龍華會에 공양할 침향을 마련하는 불교신앙활동으로 이루어진 경우가 대부분이며, 대개 연해지역의 민들이 사회변동기적 상황 속에서 救世的, 祈福的 성격을 지닌 미륵하생신앙을 바탕으로 매향을 하면서 종교적 구원과 이상사회의 도래를 기원하였다. 이 삼일포매향비의 경우에도 고려후기에 내우외환이 우려되거나 경험하는 가운데 그 지방 통치를 맡은 지방관들이 매향불사를 주도함으로써 지역민을 安集하려고 했던 것으로 보인다. 그리고 매향과 함께 彌勒前長燈寶를 설치하여 장등의 유지를 위한 토지를 시납하고 관리자를 임명한 사실을 알 수 있다.

한편『新增東國輿地勝覽』권45 高城郡 古跡조와『星湖僿說』上 人事門 香徒조 그리고 한국학중앙연구원 장서각 소장의『臥遊錄』등에 이 매향에 참여한 것으로 기록된 山僧, 道人 志如는 현재 탁본에서는 보이지 않는다.

2) 原文

高麗國江陵道存撫使□[1]天皓知江陵府事朴洪秀判官
金光宝襄州副使朴琠登[2]州副使鄭椽通州副使金用卿[3]
歙谷縣令□□[4]臣杆城縣令□[5]裕三陟縣尉趙臣柱[6]蔚珎
縣令□□□□[7]監務朴□[8]等与諸樂善尊卑同發信[9]願謹
以香木一千五百條埋□各浦開數于後以待
龍華會主弥勒下生之□同生會下供養三宝者
□[10]□元至大二年己酉八月　日　造

<碑陰>

開數

平海郡地海岸寺洞口埋一百條　三涉縣地孟方村汀埋一百五十條
蔚珎縣地豆汀埋二百條　襄州地德山望[11]埋一百條
江陵地正東村汀埋三百一十條　洞山縣地文泗汀埋二百條
杆城縣地□□□[12]埋一百一十條　歙谷縣地短末乙埋二百一十條
押戎縣鶴浦口埋一百二十條

<右邊>[13]

皇帝□稔國王宮主福壽遐長
弥勒前長灯[14]宝□銀壹斤收管高城頭目

---

1) 『臥遊錄』(한국학중앙연구원 장서각 소장)과 黃壽永, 1981, 『韓國金石遺文』(제3판)에 따르면 '金'으로 판독된다.
2) 『臥遊錄』에는 '和', 黃壽永, 위의 책에는 '登'으로 판독하였다.
3) 黃壽永, 위의 책에는 '鄕'으로 판독하였다.
4) 『臥遊錄』에 따르면 '成乙'로 판독된다.
5) 『臥遊錄』에 따르면 '邊'으로 판독된다.
6) 許興植, 1984, 『韓國金石全文』中世上에서는 '桂'로 판독하였다.
7) 『臥遊錄』에 따르면 '權份旌善'으로 판독된다.
8) 『臥遊錄』에 따르면 '椿'으로 판독된다.
9) 『臥遊錄』에는 '誓', 黃壽永, 위의 책에는 '信'으로 판독하였다.
10) '山+日'의 형태이며, 보통 '歲'로 파악하지만, '時'의 古字인 '旹'로 파악하는 것이 좋겠다.
11) 許興植, 앞의 책에는 '德望山'으로 판독하였다.
12) 『臥遊錄』에 따르면 '公須津'으로 판독된다.
13) 우변과 좌변의 명문은 탁본을 구하지 못하여 기존의 판독문들을 참고하여 교감하였다.
14) '燈'의 俗字로 판단된다.

□[15)]己酉八月日

<左邊>

彌勒□□□宝 通州副使金用卿施納

襄州副使朴琠施納 壤原代下

坪員畓二結陳東北陳畓大冬音南道西白丁于達起畓

北反伊員畓二結陳東北州軍陳畓南軍西弥勒寺畓

同員田二結陳東南吐西陳地北鍾伊川

3) 飜譯文

고려국(高麗國) 강릉도(江陵道) 존무사(存撫使) 김천호(金天皓)와 지강릉부사(知江陵府事) 박홍수(朴洪秀), 판관(判官) 김광보(金光寶), 양주(襄州) 부사(副使) 박전(朴琠), 등주(登州) 부사 정연(鄭椽), 통주(通州) 부사 김용경(金用卿),[16] 흡곡(歙谷) 현령(縣令) 성을신(成乙臣),[17] 간성(杆城) 현령 변유(邊裕), 삼척현위(三陟縣尉) 조신주(趙臣柱), 울진현령(蔚珍縣令) 권분(權忿), 정선감무(旌善監務) 박춘(朴椿) 등이 선(善)을 좋아하는 신분이 높고 낮은 사람들[尊卑]과 더불어 함께 믿음과 원력을 내어 삼가 향목(香木) 1,500조(條)를 각 포(浦)에 묻고, 뒤에 그 수를 나열하여, 용화회주(龍華會主) 미륵(彌勒)이 하생(下生)하는 때에 회 아래에 함께 태어나 삼보(三寶)에 공양(供養)할 수 있기를 기다립니다.

원나라 지대(至大) 2년 기유(己酉 : 충선왕 1, 1309) 8월 일에 만듭니다.

<비음(碑陰)>

숫자[開數]

평해군(平海郡) 땅 해안사(海岸寺) 동구(洞口)에 100조를 묻다.

삼척현(三陟縣) 땅 맹방촌정(孟方村汀)에 150조를 묻다.

울진현(蔚珍縣) 땅 두정(豆汀)에 200조를 묻다.

양주(襄州) 땅 덕산망산(德山望)에 100조를 묻다.

강릉(江陵) 땅 정동촌정(正東村汀)에 310조를 묻다.

동산현(洞山縣) 땅 문사정(文泗汀)에 200조를 묻다.

---

15) '山+日'의 형태이며, 보통 '歲'로 파악하지만, '時'의 古字인 '旹'로 파악하는 것이 좋겠다.

16) 김용경은『고려사』권35 충숙왕 16년 9월조에 나오는 前忠州牧使 金用卿과 동일인물인 듯하다.

17) 성을신은『고려사』권105 許珙 附 許富列傳에 나오는 掌令 成乙臣과 동일인물인 듯하다.

간성현(杆城縣) 땅 공수진(公須)津에 110조를 묻다.

흡곡현(歙谷縣) 땅 단말을(短末乙)에 210조를 묻다.

압융현(押戎縣) 학포구(鶴浦口)에 120조를 묻다

<우변(右邊)>

황제(皇帝) …과 국왕(國王)·궁주(宮主)의 복(福)과 수명(壽命)이 오래되기를 바랍니다. 미륵전장등보(彌勒前長灯寶) □은(□銀) 1근을 거두어 고성두목(高城頭目)이 관할합니다. 기유년 8월 일.

<좌변(左邊)>

미륵□□□보(彌勒□□□寶)

통주부사 김용경이 시납하고 양주부사 박전이 시납하였습니다.

양원(壤原) 대하평(代下坪)에 있는 답(畓) 2결(結), 상태는 진(陳)[동북쪽은 진답(陳畓)이고 대동음(大冬音)이[18] 있다. 남쪽은 길이며, 서쪽은 백정(白丁) 우달(于達)의 기답(起畓)이다.]

북반이원(北反伊員)에 있는 답 2결, 상태는 진(陳)[동북쪽은 주군(州軍)의 진답이고, 남쪽으로 군(軍)이며, 서쪽은 미륵사(彌勒寺)의 답이다.]

같은 원(員)의 전(田) 2결, 상태는 진(陳)[동남쪽은 제방[吐]이고, 서쪽은 진지(陳地)이며, 북쪽은 종이천(鍾伊川)이다.]

[참고문헌]

鮎貝房之進, 1934, 「俗文攷」, 『雜攷』上編 6輯.

『臥遊錄』(한국학중앙연구원 장서각 소장)

藤田亮策, 1963, 「三日浦の埋香碑」, 『朝鮮學論考』.

旗田巍, 1972, 「新羅·高麗の田券」, 『韓國中世社會史の硏究』.

劉燕庭, 1976, 『海東金石苑』上, 亞細亞文化社.

黃壽永, 1981, 『韓國金石遺文』제3판, 一志社.

許興植, 1984, 『韓國金石全文』中世下, 亞細亞文化社.

채웅석, 2002, 「여말선초 향촌사회의 변화와 埋香 활동」, 『歷史學報』173.

한국금석문종합영상정보시스템 http://gsm.nricp.go.kr

18) 大冬音이 무엇인지는 할 수 없다. 冬音은 옛 지명에 많이 사용되었으며, 두름을 뜻하는 이두로 사용되기도 하였다. 鮎貝房之進, 1934, 「俗文攷」, 『雜攷』上編 6輯에서는 大冬音을 大斷崖라고 풀이하였다.

29. 靈巖奄吉里岩刻埋香碑

1) 解題

전라남도 영암군 서호면 엄길리 산85에 있는 암각매향비로서, 1344년(충목왕 즉위년)에 만들었다. 1984년에 학계에 알려졌으며, 현재 보물 제1309호로 지정되어 있다.

비문은 해발 120m의 철암산 정상 부근에 위치해 있는 속칭 '쇠바우', '글씐바우'라는 바위 사이 하단부에 바위면에 새겼으며, 명문이 새겨진 부분의 전체적인 넓이는 세로 약 80cm, 가로 약 125cm 정도이다. 바위면을 특별히 잘 다듬어 그 위에 새긴 것이 아니기 때문에 글자열이 고르지 않고 글자들의 크기도 8×6cm부터 3×3cm까지 균일하지 않다. 명문은 가로로 19행이고 총 114자 정도로 판독할 수 있는데, 문장의 시작은 4행부터이고 1~3행은 뒤에 이어지는 것으로 보는 것이 좋을 듯하다.

매향비는 沈香을 만들기 위하여 향나무나 소나무·참나무 등을 갯벌에 묻어두는 매향행위를 한 다음에 그 사실을 암각이나 비석의 형태로 새겨 증거로 표시해 둔 것이다. 현재까지 발견된 매향비·매향암각의 내용을 통하여 볼 때 매향은 대체로 彌勒下生信仰에 바탕을 두고 장래 미륵불의 龍華會에 공양할 침향을 마련하는 불교신앙활동으로 이루어졌다. 특히 고려말 조선초기처럼 내우외환으로 고통을 받고 공동체적 유대가 붕괴되어 가는 상황에서, 연해 지역민들이 자기가 사는 곳의 인접 바다 갯벌에 매향을 하면서 종교적 구제만이 아니라 국가와 지역사회의 재난을 막고 풍요가 깃들기를 기원하는 등 현실적 소망을 기원하였다.

이 암각매향비는 고려후기 민중의 불교신앙활동과 지방사회의 동향을 연구하는 데 중요한 자료이다. 특히 작성연대인 1344년을 釋迦 열반 후 2349년으로 쓴 것, 弥陀契라는 신앙결사와 化主·刻主 등의 존재 등이 주목된다. 古乙未는 백제 때 古彌縣이었고 757년(신라 경덕왕 16)에 昆湄縣으로 개칭된 행정구역(현재 전라남도 영암군 시종면 일대)과 동일한 곳으로 추정된다.

2) 原文

釋迦涅槃後二千三百
四十九年甲申八月十三日
埋 香龍華初会供養
之願[1]古乙未
北村去[2]乙冈浦
埋置契□
古乙未堵人　　　□□
　　　　弥陀契内 千万人
　　　　弥陀契内
名牌　願□[3]千乙未分[4]
　　　同願金上佐[5]大□
　　　同願金□[6]德今勿
　　　同願申上佐昆召
　　　同願金□[7]洪[8]冬火
　　　同願金德中[9]洋並[10]
化主 及岩
法主大众[11]
刻主
珍岩

---

1) '原+彡'의 형태이다.
2) 이준곤, 2001, 「靈岩 奄吉里 巖刻埋香碑의 銘文 考察」, 『불교문화연구』8에서는 '走'의 행서 형태로 파악하였다.
3) 이준곤, 위의 논문의 판독에 따랐다. 土居邦彦, 2003, 「埋香碑文의 基礎檢討」, 『지방사와 지방문화』6-1에서는 '願□'를 '於時'로 판독하였다.
4) 土居邦彦, 위의 논문에서는 '今'으로 판독하였다.
5) 土居邦彦, 위의 논문에서는 '上佐'를 '正仿'으로 판독하였다.
6) 土居邦彦, 위의 논문에서는 '丙'으로 판독하였다.
7) 土居邦彦, 위의 논문에서는 '原'으로 판독하였다.
8) '泄'로 볼 수도 있다.
9) 土居邦彦, 앞의 논문에서는 '束'으로 판독하였다.
10) 土居邦彦, 위의 논문에서는 '開廉'으로 판독하였다.
11) '衆'의 異形字이다.

3) 飜譯文

석가(釋迦) 열반(涅槃) 후 2,349년 갑신(甲申) 8월 13일에 매향(埋香)하였습니다.
용화초회(龍華初會)에 공양(供養)하려고 하는 발원으로
고을미(古乙未) 북촌(北村) 거을망포(去乙㓁浦)에 묻어 두었습니다. 계(契)…
고을미 거주인[堵人] □□
미타계내(弥陀契內) 천만인(千万人)
미타계내(弥陀契內)
명패(名牌) 함께 발원한 □천을미분(□千乙未分)
함께 발원한 김상좌대□(金上佐大□)[12)]
함께 발원한 김□덕금물(金□德今勿)
함께 발원한 신상좌곤소(申上佐昆召)
함께 발원한 김□홍동화(金□洪冬火)
함께 발원한 금덕중양병(金德中洋並)
화주(化主) 급암(及岩)
법주(法主) 대중(大众)
각주(刻主)
진암(珍岩)

[참고문헌]

李海濬, 1988, 「전남지방발견의 埋香資料와 그 성격」, 『전남문화재』1, 전라남도.
全羅南道, 1990, 『全南金石文』.
정경일, 1993, 『여말선초의 埋香碑 연구』, 한국교원대 역사교육과 석사학위논문.
이준곤, 2001, 「靈岩 奄吉里 巖刻埋香碑의 銘文 考察」, 『불교문화연구』8.
蔡雄錫, 2002, 「여말선초 향촌사회의 변화와 埋香활동」, 『歷史學報』173.
土居邦彦, 2003, 「埋香碑文의 基礎檢討」, 『지방사와 지방문화』6-1.
蔡雄錫, 2006, 「여말선초 泗川 지방의 埋香活動과 地域社會」, 『한국중세사연구』20.
한국금석문종합영상정보시스템 http://gsm.nricp.go.kr

12) 선행연구에서는 대체로 성과 이름 사이에 있는 上佐·德中 등을 法名 또는 役名으로 추정하였다.

30. 重興寺香爐

1) 解題

이 銀入絲 청동향로는 보통 '至正四年銘靑銅銀入絲香爐'라고 부르며, 1344년(충혜왕 복위 5년)에 만들어졌다. 현재 보물 321호로 지정되었고, 서울 불교중앙박물관에 소장되어 있다.

이 향로의 형태를 보면, 밥 그릇 모양의 몸체와 함께 아래로 가면서 나팔모양으로 넓게 벌어진 높은 받침대를 갖추었는데, 이런 형태의 향로를 香垸이라고 구분하여 부르기도 한다. 높이가 37㎝, 위 몸체의 지름이 51㎝이다. 몸통의 표면 전체에 연꽃, 번개, 唐草, 如意頭 등의 각종 무늬를 은입사로 화려하게 장식하였다. 몸통 중앙의 네 곳에 이중의 원을 돌리고, 그 안에 梵字를 새겼다. 굽에는 연꽃당초무늬와 연주무늬 등으로 장식하였다.

몸체 上緣의 뒷면에 楷書체의 명문을 은입사로 기록하였으며, 1행으로 모두 103자이다. 명문의 三角山(지금의 북한산) 重興寺는 지금의 경기도 고양시 덕양구 북한동 259번지에 있던 사찰이며, 1103년(숙종 8년)에 같은 사찰에서 棟梁僧 承銑, 大匠 盧珎 등이 조성했다는 내용의 명문이 기록된 鈑子도 현재 전하고 있다.

이 향로가 조성된 것은 원간섭기이기 때문에 명문의 황제는 원나라 황제를 가리킨다. 발원자의 한 사람인 蔡河中(?~1357)은 원간섭기에 활동한 권신으로서 『고려사』 列傳의 姦臣傳에 입전되어 있다. 권문세족 출신으로서 蔡洪哲의 아들이며, 열전에는 孽子라고 기록되었다. 그는 이 향로를 조성할 무렵이던 1342년(충혜왕 후3년)에, 曹頔의 난 때 왕을 시종한 공로로 공신이 되고, 1344년(충목왕 즉위년) 우정승을 거쳐, 1354년(공민왕 3)에 平康府院君에 봉해졌다. 향로에 은입사를 한 匠人 金卿이 中郎將의 관직을 갖고 있던 사실도 주목된다.

2) 原文

至正四年五月日敬造靑銅縷銀香爐[1]一座奉獻于三角山重興寺大殿佛前將此功德用祝皇帝万歲

1) '爐'의 俗字인 '炉'의 형태로 되어 있다.

國王千秋天下太平同願僉議政承蔡河中午山郡夫人梁氏[徹]明勸善比丘悟如眞悟戒瑚縷手中郎將金卿願以此功德普及於一切我等[與]2)群生皆共成佛道

3) 飜譯文

지정(至正) 4년 5월 일, 은(銀)으로 입사(入絲)한 청동향로(靑銅香爐) 1좌(座)를 경건하게 만들어 삼각산(三角山) 중흥사(重興寺) 대전(大殿)의 부처님 앞에 봉헌(奉獻)합니다.

이 공덕(功德)으로 황제께서 만세(萬歲)를 누리시고 국왕께서 천세(千歲)를 누리시며 천하가 태평하기를 축원합니다.

함께 발원하는 첨의정승(僉議政承) 채하중(蔡河中), 오산군부인(午山郡夫人) 양씨(梁氏) 철명(徹明), 권선비구(勸善比丘) 오여(悟如), 진오(眞悟), 계호(戒瑚)와 입사장(入絲匠 : 縷手) 중랑장(中郎將) 김경(金卿)이 이 공덕을 우리들과 중생들 모두에게 미쳐서 다 함께 불도(佛道)를 이루기를 기원합니다.

[참고문헌]

黃壽永, 1957, 「奉恩寺高麗香爐와 梵鍾의 調査」, 『東國史學』5.

黃壽永, 1981, 『韓國金石遺文(제3판)』, 一志社.

許興植, 1984, 『韓國金石全文』中世下, 亞細亞文化社.

2) '與'의 초서체에 가까운 형태로 되어 있다.

31. 敬天寺10層石塔

1) 解題

이 석탑은 1348년(충목왕 4)에 건립되었으며, 원래 황해북도 개풍군 광덕면 중연리 부소산 경천사지에 있었다. 1907년 무렵에 일본으로 불법 반출되었다가 반환여론이 거세지자 1918년에 우리나라로 돌아와 경복궁 회랑으로 옮겨졌으며, 1960년에 탑을 복원하여 경복궁에 세웠다. 그리고 1995년에 보수를 위해 다시 해체하였다가 국립중앙박물관을 용산으로 이전하면서 2005년에 그 실내 1층에 세웠다. 현재 국보 제86호로 지정되어 있다.

이 탑은 대리석 재질의 다각다층 형태이며 높이가 약 13.5m이다. 네 면이 돌출된 '亞자' 형태의 3층 基壇을 갖추었다. 기단에는 부처, 보살, 인물, 용, 사자 등을 조각하였고, 갑석의 위, 아래면에는 연화무늬를 새겼다. 탑신부는 3층까지는 기단부와 같은 '亞자' 형태이고 4층 이상은 정사각형이다. 탑신의 면석에는 12會相을 표현하여 조각하였다. 옥개석의 하부에는 多包양식을 표현하였고, 윗면에는 팔작지붕 형태의 기와골을 표현하였다. 상륜부는 노반, 복발, 앙화, 보주 등을 갖추었다. 양식상 원나라의 라마 건축과 조각양식의 영향을 많이 받은 것으로 평가받고 있다.

1층 탑신의 이맛돌에 명문을 새겼으며, 2층과 3층의 이맛돌에는 梵字 명문이 있다. 명문을 통하여 발원자와 조성배경을 확인할 수 있다.

경천사는 1117년(예종 12)에 肅宗의 忌晨道場으로 왕이 행차하였다는 기록이 있다. 이후 인종, 의종, 충숙왕, 공민왕 등이 행차하였던 기록을 확인할 수 있고, 조선 초기에도 忌齋, 御眞 봉안 등으로 왕실과 관련을 맺었다.

탑 건립의 대시주인 姜融(?~1349)은 『고려사』의 嬖幸傳에 입전된 인물로서, 본명은 姜莊이고, 그의 祖父는 晉州의 관노였다. 충선왕의 측근세력으로 활약하면서 內府令이 되고, 충숙왕 때에는 贊成事를 거쳐 僉議左政丞判三司事에 이르렀으며 晉寧府院君에 봉해졌다. 특히 그의 딸이 원나라 승상 脫脫의 애첩이 되었다.

또 다른 대시주인 高龍鳳(?~1362)은 『고려사』 宦者傳에 입전되었으며, 이름이 篭普, 龍普 등으로도 표기된다. 원나라에 들어가 환관으로서 황제의 총애를 받아 資政院使가 되었고, 奇皇后의 측근으로서 권세를 잡았다. 자주 고려에 사신으로 파견되어 와서 본국인 고려에 대해서도 큰 영향력을 행사하였고 長安寺 중창 등 여러 佛事에 참여하였다. 忠惠王 때 三重大匡 完山君으로 봉해졌으며, 원나라가 충혜왕을 폐위시킬 때 체포·유배에 앞장섰다. 원나라에서 귀국한 뒤에는 부원세력인 奇轍 일파와 결탁하여 횡포를 부리다가 공민왕 초기에 처형되었다.

이런 사실들과 함께 원 황실의 장수를 축원하는 명문의 내용을 고려할 때, 이 탑은 附元勢力이 고려에서 원나라 順帝를 비롯한 황실의 복을 기원하기 위하여 만든 것이라고 파악된다.

2) 原文

大華嚴敬天祝延皇[1]帝陛下萬[2]

壽萬歲皇后□[3]□□

秋文虎協心奉[4]

… 調雨順

國泰民安佛日增輝[5]

法輪常轉[6]□□

現獲福壽當生□…

覺岸至正八年

戊子三月 日

大施[7]主三[8]重大匡晋

寧府院君姜融大

施主院使高龍鳳大化主省空

施[9]主法山人六怡□□普及[10]

---

1) 皇帝와 皇后의 '皇'자는 다른 글자들보다 약간 위쪽으로 올려 새겨서 황실을 존중하는 뜻을 나타냈다.
2) 愼銀貞은 이 글자 다음에 '□□太子殿下'가 더 있는 것으로 판독하였으나 확인하지 못하였다.
3) 高裕燮, 2007, 『松都의 古蹟』(『又玄高裕燮全集』7)과 黃壽永, 1981, 『韓國金石遺文(제3판)』에서는 '皇'으로 판독하였다.
4) 高裕燮, 위의 책과 黃壽永, 위의 책에서는 '秋文虎協心奉□□'으로 판독하였다.
5) 高裕燮, 위의 책과 黃壽永, 위의 책의 판독에 따랐다.
6) 黃壽永, 위의 책에서는 '輪'으로 판독하였다.
7) 高裕燮, 위의 책과 黃壽永, 위의 책의 판독에 따랐다.
8) 高裕燮, 위의 책과 黃壽永, 위의 책에서는 '三'을 누락하였다.
9) 高裕燮, 위의 책과 黃壽永, 위의 책의 판독에 따랐다.

於一切我等與衆
生皆共成佛道

3) 飜譯文

대화엄(大華嚴) 경천사(敬天寺)에서 황제폐하(皇帝陛下)의 만수만세(萬壽萬歲)와 황후(皇后) …를 빕니다. 문무[文虎]관료들이 마음을 모아 … 받들며, … 조화롭고 비가 순조롭게 내리며, 나라가 태평하고 백성이 평안하며, 부처님의 교화가 더욱 빛나고, 법륜(法輪)이 한 곳에 머물지 않고 항상 구르며, … 얻고, 복(福)과 장수(長壽)를 지금 생애(生涯)에 누리며, … 미혹에서 깨우치기를 기원합니다.

지정(至正) 8년 무자(戊子 : 1348) 3월 일

대시주(大施主) 삼중대광(三重大匡) 진녕부원군(晋寧府院君) 강융(姜融)

대시주 원사(院使) 고용봉(高龍鳳)

대화주(大化主) 성공(省空)

주법(主法) 산인(山人) 육이(六怡)

… (공덕이) 모든 중생들에게 미쳐서 우리와 함께 중생들도 모두 다 성불하여지이다.

[참고문헌]

黃壽永, 1981, 『韓國金石遺文(제3판)』, 一志社.

黃壽永, 1987, 「高麗石塔의 硏究 - 在銘作品을 중심으로」, 『考古美術』175·176.

許興植, 1984, 『韓國金石全文』中世下, 亞細亞文化社.

박경식, 1999, 『우리나라의 석탑』, 역민사.

신은정, 2006, 「경천사십층석탑의 조형 연구」, 『불교미술사학』4.

愼銀貞, 2006, 「敬天寺十層石塔 조성과 조성 장인의 연구」, 『강좌미술사』26.

국립문화재연구소, 2005, 『경천사십층석탑』1~3.

高裕燮, 2007, 『松都의 古蹟』(『又玄高裕燮全集』7).

한국금석문종합영상정보시스템 http://gsm.nricp.go.kr

10) '□□普及'은 黃壽永, 위의 책의 판독에 따랐다.

32. 感恩寺飯子

1) 解題

이 청동제 반자는 1351년(충정왕 3년)에 만들어진 불교 梵音具이다. 1979년 문화재관리국이 경북 경주시 양북면 용당리의 感恩寺址를 발굴 조사할 때 서쪽 廻廊 내부에서 출토되었으며, 현재 국립경주박물관에 소장되어 있다.

크기는 앞면 지름이 32.2cm이고 옆면의 너비가 7.2cm이며, 무게가 5.9kg이다. 앞면은 세 개의 융기동심원으로써 당좌구, 내구, 중구, 외구를 구분하였다. 당좌구에 蓮顆子(연밥)무늬를 돌출하여 배치하고 내구와 중구에는 끝이 뾰족한 연꽃잎무늬를 양각으로 배치하였으며, 외구에는 당초무늬를 둘렀다. 옆면에는 두 줄의 선을 양각하여 둘렀고, 두 개의 고리가 달려있다.

명문은 뒷면의 內反된 口緣部 둘레에 1.5cm 정도 크기의 글자로 음각되어 있다. 명문에는 爲乎事叱段, ホ亦, 爲良在乙 등의 이두가 사용되었다. 글의 내용은 1351년에 왜구들이 雞林府의 감은사에 침입하여 小鐘·禁口 등을 약탈해갔기 때문에 住持 등이 다시 조성했다고 하여, 당시 왜구의 피해를 받은 양상을 말해주고 있다. 특히 飯子와 禁口를 구별하여 열거해놓은 점이 주목된다.[1] 명문에 기록된 계림부는 慶州로서 1308년(충렬왕 34년)부터 사용된 명칭이다.

2) 原文

至正十一年辛卯[2]十二月初三日雞林府地感恩寺飯子入重三十三斤住持大師□印亦代飯子小鐘禁口ホ乙造成爲乎事叱段倭賊人ホ亦同年四月初七日右物□[3]乙偸取持去爲良在乙造成

---

1) 반자는 뒷면이 트인 片面 형식이며, 金鼓·禁口는 앞뒤가 다 막히고 옆면에 공명구를 뚫은 형식이었던 것으로 추정되고 있다.

2) '夕+ 卩'의 형태로 되어 있다.

3) 飜譯文

지정(至正) 11년 신묘(辛卯) 12월 초3일. 계림부(雞林府) 땅에 있는 감은사(感恩寺) 반자(飯子)이며, 무게 33근이 들었습니다.

주지(住持) 대사(大師) □인(□印)이 대신으로 반자(飯子)·소종(小鐘)·금구(禁口) 등을 만든 일은 왜적인(倭賊人) 등이 같은 해 4월 초7일 이 물건들을 훔쳐갔으므로 만들었습니다.

[참고문헌]

黃壽永, 1981, 『韓國金石遺文(제3판)』, 一志社.

趙由典, 1981, 「感恩寺址發掘調査概要」, 『古文化』19.

許興植, 1984, 『韓國金石全文』中世下, 亞細亞文化社.

沈奉謹, 1986, 「고려 佛具의 分析-青銅飯子를 中心으로-」, 『石堂論叢』11.

李丞宰, 1992, 『高麗時代의 吏讀』, 太學社.

최응천·김영수, 2003, 『금속공예』, 솔출판사.

한국금석문종합영상정보시스템 http://gsm.nricp.go.kr

3) '艹+匕'의 형태로 되어 있는데, 李丞宰, 1992, 『高麗時代의 吏讀』에서는 '色'으로 판독하였다.

33. 泗川埋香碑

1) 解題

이 매향비는 경남 사천시 곤양면 흥사리 산 48에 위치해 있다. 고려말인 1387년(우왕 13년)에 세워졌으며, 1977년에 학계에 보고되어 현재 보물 제614호로 지정되어 있다.

비문은 높이 160㎝, 넓이 120㎝, 두께 120㎝ 정도 되는 흑운모화강암 재질의 자연석에 15행으로 212자를 새겼고, 옆면에도 4행으로 15자 가량 글자를 더 새겼다. 글자의 크기는 대략 6cm 정도이다.

매향은 沈香을 얻기 위하여 향나무·소나무·참나무 등을 갯벌에 묻어 두는 행위를 말하며, 현재까지 알려진 매향사례를 통해서 볼 때 주로 미륵하생신앙과 관련된 불교신앙활동으로서 이루어졌다. 역사적으로는 고려초기와 고려말 조선초기 등 사회변동기에 집중적으로 이루어졌으며, 지역적으로는 한반도를 둘러싼 전 해안 특히 남해안과 서해안에서 많이 이루어졌다.

사천 흥사리매향비의 내용은 다른 매향비나 매향암각사례와는 달리 매향을 한 장소를 밝히지 않고 발원문을 중심으로 기술한 것이 특징이다. 여기에는 불교의 미륵하생신앙을 가진 사람들이 千人結契을 조직하여 매향을 하면서 修行하고 誓願한 내용이 잘 기록되었다. 이에 따르면 매향은 거기에 참여한 사람들이 모두 미륵보살이 상주하는 도솔천의 內院에 태어나고, 미래에 미륵불이 하생하여 龍華會를 통하여 중생을 제도할 때 매향의 소산인 沈香을 봉헌하여 종교적으로 제도받을 수 있기를 기원하는 신앙활동이었다. 그리고 達空과 大化主 覺禪의 존재를 통하여, 매향활동을 할 때 사람들에게 권화(權化)하고 의식을 주재하는 승려들이 큰 역할을 담당한 사실을 알 수 있다.

2) 原文

(1) 千人結契埋香願王文　　　　　卍今□□彳十[1)]

夫欲求无上妙果必須行願相扶有行无願其行必　　　　　卜玆[1]

孤有願无行其願虛設行孤則果喪願虛則福劣二業

双運方得助□妙果貧道与諸千人同發大願埋

沉香木以待　慈氏下生龍[2]華三岃持此香達

奉獻供養弥勒如來聞[3]淸淨法悟无生忍

成不退地願同發[4]人盡[5]生內院訂不退地慈氏如

來見爲我訂預生此國預在初岃聞法悟

道一切具足成其正覺

主上殿下万万歲國泰民安　　　　　達空

洪武[6]廿年丁卯八月廿八日埋　　刻　金用

優婆塞優波夷比丘比丘尼　　　　書　守安

大化主覺禪

都計四千一百人

□[7]中

□[8]上

(2)[9] 朋□□[10]正德巴

夫金

□修廚介　□

達空

---

1) 이 부분과 아래의 '卜玆'는 土居邦彦, 2003, 「埋香碑文의 基礎檢討」, 『지방사와 지방문화』6-1에서 새로 판독하였는데, 그는 '玆'를 '慈'로 판독하였다.

2) '龍'의 古字 형태로 되어 있다.

3) '聞'의 俗字 형태로 되어 있다.

4) '發'의 草書 형태로 되어 있다.

5) '盡'의 俗字 형태로 되어 있다.

6) 惠宗의 휘를 避諱하여 '武'에서 '戈'획을 생략하였다.

7) '亻+口'의 형태이다. 許興植, 1984, 『韓國金石全文』中世下와 黃壽永, 1981, 『韓國金石遺文(제3판)』에서는 '個'로 판독하였다.

8) 康龍權, 1978, 「泗川埋香碑攷」, 『民俗文化』1과 황수영, 위의 책에서는 '宀+主'라고 판독하고, 土居邦彦, 앞의 논문에서는 '宝'로 판독하였으며, 허흥식, 위의 책에서는 '室'로 판독하였다.

9) 土居邦彦, 위의 논문에서 새로 판독한 부분이다. 인명인 듯하다.

10) '亻+口'의 형태이다.

3) 飜譯文

(1) 천 명의 사람들이 계(契)를 맺어 매향하면서 행원(行願)하는 글[11]

무릇 최고의 경지에 도달한 깨달음[無上妙果]을 얻으려고 한다면 반드시 수행(修行)과 서원(誓願)이 서로 함께 부합되어야 합니다. 수행만 있고 서원이 없으면 그 수행은 반드시 의지할 데 없이 홀로되어 어긋나게 되고[孤], 서원만 있고 수행이 없으면 그 서원은 헛되게 됩니다[虛設]. 수행이 의지할 데 없이 홀로 되어 어긋나면 과보(果報)를 잃고, 서원이 헛되게 되면 복(福)이 적게 됩니다. 따라서 두 업(業)을 다 운용해야 묘과(妙果)를 □□할 수 있습니다.

빈도(貧道)와 여러 수많은 사람들이 함께 대원(大願)을 발원하여 향나무를 묻고, 그로써 미륵불[慈氏]께서 하생(下生)하시는 것과 용화삼회(龍華三會)를 기다려 이 향을 가지고 미륵여래께 봉헌(奉獻) 공양(供養)하며 청정(淸淨)한 법(法)을 듣고 생멸(生滅)을 여윈 진여(眞如)의 경지인 무생인(無生忍)을 깨달아 보살의 불퇴지(不退地)를 이루기를 원합니다. 기원하옵건대 같이 발원하는 사람들이 모두 내원(內院)에 태어나 불퇴지(不退地)를 증득(證得)하기를[12] 바라오니, 자씨여래(慈氏如來)께서는 보시고 우리를 위하여 중명(證明)하시어 우리가 이 나라에 미리 태어나 용화초회(龍華初會)에 미리 참석하여 법을 듣고 도를 깨달아 일체가 구족(具足)하여 성불[正覺]을 할 수 있게 하옵소서.

주상전하(主上殿下) 만만세(萬萬歲), 국태민안(國泰民安)을 기원합니다.

홍무(洪武) 20년 정묘(丁卯, 1387) 8월 28일에 묻었습니다.

우바새(優婆塞) 우바이(優波夷) 비구(比丘) 비구니(比丘尼)

합계[都計] 4천 1백 인

달공(達空)

새긴 사람[刻] 김용(金用)

글씨 쓴 사람[書] 수안(守安)

대화주(大化主) 각선(覺禪)

(2) 해석불명(인명인 듯함)

---

11) 願王은 모든 行願 중에서 으뜸가는 것이라는 것을 의미한다.

12) 원문이 글자는 '訂'의 형태이지만, 삼일포매향비에서 '燈'를 '灯'으로 쓴 예에 비추어 '證'으로 간주하여 해석하였다.

[참고문헌]

康龍權, 1978, 「泗川埋香碑攷」, 『民俗文化』1, 東亞大 韓國民俗文化硏究所.

黃壽永, 1981, 『韓國金石遺文(제3판)』, 一志社.

許興植, 1984, 『韓國金石全文』中世下, 亞細亞文化社.

土居邦彦, 2003, 「埋香碑文의 基礎檢討」, 『지방사와 지방문화』6-1.

蔡雄錫, 2006, 「여말선초 泗川 지방의 埋香活動과 地域社會」, 『한국중세사연구』20.

한국금석문종합영상정보시스템 http://gsm.nricp.go.kr

34. 壬午銘資福寺飯子

1) 解題

이 청동제 반자는 크기가 지름 30.5cm, 폭 6cm이고, 뒤쪽 구연부의 폭이 3.5cm이다. 현재 국립중앙박물관에 소장되어 있다.

반자의 앞면은 세 겹으로 된 동심원 두 개를 사용하여 구획하고, 당좌구에 蓮顆子(연밥)를 배치하였으며, 내구에 연꽃잎무늬, 외구에 구름무늬를 양각으로 새겼다. 옆면에는 중앙에 세 겹으로 된 융기선을 둘렀고, 두 개의 고리를 달았다.

명문은 옆면에 중앙융기선을 기준으로 하여 구연부 쪽에 1행으로 음각되어 있다. 조성연대는 壬午라는 干支로만 표시되어 있어서 정확한 시기를 알 수 없으나, 고려후기의 것으로 짐작된다. 次知, 是亦中 등의 이두가 사용되었으며, 지방 향리의 최상층인 호장층이 발원하여 조성한 사실이 기록되었다. 자복사는 고려시대 왕과 나라의 안녕을 기원하고 읍민들을 불교이념으로 결집시키기 위하여 각 군현에 설치한 사찰이었던 것으로 보인다.

2) 原文

壬午四月初六[1]日奉來資福寺飯子鑄前[2]戶長具義時戶長[3]上戶長二長[4]命原州人馬長命次知大師唐俊[5]是亦中聖衆□[6]諸人長命

---

1) '一'로 판독할 수도 있다.
2) 黃壽永, 1981, 『韓國金石遺文(제3판)』과 許興植, 1984, 『韓國金石全文』中世下에서는 '前'을 '公州'로 판독하였다.
3) 許興植, 위의 책에서는 '時戶'를 '晴□'로 판독하였다.
4) 黃壽永, 앞의 책에서는 '二長' 두 글자를 누락하였다.
5) 許興植, 앞의 책에서는 '唐俊'을 '虎伏'으로 판독하였다.
6) 黃壽永, 앞의 책과 許興植, 위의 책에서는 '金'으로 판독하였다. '靈'으로 판독할 수도 있다.

3) 飜譯文

임오(壬午)년 4월 초6일, 받들어 자복사(資福寺)에 와서 반자(飯子)를 주성(鑄成)하였습니다. 전호장(前戶長) 구의(具義), 시호장(時戶長)·상호장(上戶長) 둘이 장수(長壽)하고, 원주(原州)의 인마(人馬)가 장수하며, 일을 주관한 사람[次知]은 대사(大師) 당준(唐俊)인데, 성스러운 … 여러 사람들이 장수하기를 기원합니다.

[참고문헌]

黃壽永, 1981, 『韓國金石遺文 (제3판)』, 一志社.
許興植, 1984, 『韓國金石全文』中世下, 亞細亞文化社.
李丞宰, 1992, 『高麗時代의 吏讀』, 太學社.
한기문, 2011, 「고려시대 資福寺의 성립과 존재양상」, 『民族文化論叢』49.
한국금석문종합영상정보시스템 http://gsm.nricp.go.kr

35. 思惱寺靑銅遺物 一括

1) 解題

사뇌사 유물들은 1993년 청주시 흥덕구 사직동 무심천변 공사현장에서 출토되었다. 종·향로·飡대·금강령·주전자 등 다양한 종류의 금속유물들이 378점에 달했으며, 한 구덩이에서 포개어진 상태로 무더기로 발굴된 것을 보아 사찰에서 어떤 긴급상황이 발생하자 땅 속에 일괄 매몰해두었던 것으로 추정되고 있다.[1] 불교의식과 관련된 다양한 유물들이 한꺼번에 출토되고 또 제작연대와 용도 등을 알 수 있는 명문이 새겨진 유물들도 많이 포함되었기 때문에 고려시대 금속공예의 발달양상을 잘 살필 수 있게 되었다. 현재 국립청주박물관에 보관되어 있다.

유물의 명문을 살펴보면 사찰의 명칭이 靑銅斗子 기름말[油斗]에는 思惱寺, 향로와 향완에는 사내사(思内寺)라고 새겨져 있어서 동일하지 않다. 사뇌사는 『曹溪眞覺國師語錄)에 "西原府思惱寺夏安居上堂"이라고 한 기록에서 그 존재를 확인할 수 있지만 『東國輿地勝覽』에는 기록되지 않은 것으로 미루어 보아 고려후기~조선초기의 어느 때 폐사되었던 것으로 추정되고 있다. 이 사뇌사지 유물들이 발견된 곳에서 거리상 100m도 안 떨어진 곳에 龍華寺 石佛像群이 있는데, 양자 사이에 관련이 있을 것으로 추정되기도 한다.

유물의 제작시기는 명문상으로 統和 15년(997)에 제작된 발우가 가장 오래되었고, 그밖에 13세기 중엽으로 추정되는 己酉, 庚申 등의 간지가 새겨진 斗子, 香垸 등이 있다.

---

1) 『99청주국제공예비엔날레기념 고려공예전(도록)』, 1999, 국립청주박물관·99청주국제공예비엔날레조직위원회(이하 『고려공예전』으로 약칭)에 상세한 발굴경위와 출토상황, 유물해설, 관련 논고들이 실려 있으며, 이하의 해제는 여기에 근거하였다.

2) 개별 유물 검토

(1) 己酉銘靑銅半子

① 解題

이 청동제 반자는 앞면의 지름이 48.5cm, 두께가 10.5cm이며, 뒷면 共鳴口의 지름은 42.4cm이다. 앞면은 동심원 부조로 세 부분으로 구획하여, 가운데에는 蓮顆子(연밥), 중간부분에는 연꽃잎, 바깥부분에는 산모양과 당초무늬로 장식하였다. 그리고 옆면에는 세 개의 고리를 달아서 매달 수 있게 하였다. 명문은 옆면에 한 줄로 새겼다.

명문상의 己酉는, 이 반자의 양식이 13세기에 유행한 것이어서 1249년(고종 36)으로 추정되고 있다. 그리고 청주의 土姓인 郭氏 출신으로서 副戶長同正의 직을 가진 郭務라는 인물이 반자 제작불사의 동량을 맡았고 장인의 이름은 金先이었다.

② 原文

己酉年五月卄四日思惱寺半子一口入重參拾伍斤棟梁副戶長2)同正郭務大匠金先造

③ 飜譯文

기유년(己酉年, 1249) 5월 24일. 사뇌사(思惱寺) 반자(半子) 1개입니다. 무게는 35근입니다. 동량(棟梁)은 부호장동정(副戶長同正) 곽무(郭務)입니다. 대장(大匠) 김선(金先)이 만들었습니다.

(2) 聖僧銘香爐

① 解題

이 청동제 향로는 높이가 8.5cm이며, 다리부분이 파손되어 있다. 몸체 구연부의 아래면에 명문이 한줄로 새겨져 있다. 명문의 내용으로 보아 서울의 스님[京僧]이 사내사의 스님에게 증여한 향로로 추정된다.

② 原文

思內寺聖僧前香宗里乙內一目□3)京僧

---

2) 위의 책에서는 '戶長'을 '丞'으로 판독하였다. 장은 長의 草書 형태이다.
3) 위의 책에서는 '成'으로 읽었지만 분명하지 않고, '式'으로 볼 수도 있다.

③ 飜譯文

사내사(思內寺)의 성승(聖僧) 앞에 … (이하 해석 불능) … 한 벌 … 서울의 스님.

(3) 庚申銘香垸

① 解題

이 청동제 고배형 향완은 높이가 19.5cm이다. 몸체 구연부의 아래면에 명문이 한 줄로 새겨져 있다. 향리인 戶長과 戶正이 함께 발원하여 만들어서 시납하였으며 그 향리들의 성씨인 韓은 청주의 土姓이었다. 명문의 庚申年은 1260년(원종 원년)으로 추정되고 있다.

② 原文

庚申二月日戶長韓□[4]弼戶正韓億同心鑄成香垸一重一斤五兩施納思內寺塔□[5]

③ 飜譯文

경신년(庚申年) 2월 일에 호장(戶長) 한□필(韓□弼)과 호정(戶正) 한억(韓億)이 마음을 같이하여 향완 1개를 주조하여 만들었습니다. 무게는 1근(斤) 5량(兩)입니다. 사내사(思內寺) 탑□(塔□)에 시납합니다.

(4) 太平15年銘靑銅盤

① 解題

이 청동제 용기는 洗盤으로 추정되며, 운두가 낮고 굽이 없다. 높이가 4.2cm, 입지름이 8.7cm이다. 구연부의 아래 바깥쪽 끝부분에 명문을 한 줄로 새겼으며, 명문의 太平 15년은 1035년(정종 원년)이다.

② 原文

太平十五年乙亥四月日□[6]思□[7]寺□□[8]怙[9]子入□[10]四兩一目

---

4) 위의 책에서는 '鯁'으로 읽었다.

5) 위의 책에서는 '殿'으로 읽었다.

6) 위의 책에서는 판독하지 못했으나, 『韓國古代中世地方制度의 諸問題』(이하 『諸問題』로 약칭)에서는 '造'로 판독하였다.

7) 『고려공예전』에서는 판독하지 못했으나, 『諸問題』에서는 '內'로 판독하였다.

8) 이 두 글자를 『고려공예전』에서는 판독하지 못했으나, 『諸問題』에서는 '彌勒'으로 판독하였다.

9) 『고려공예전』에서는 '怙'로 판독하였으나, 『諸問題』에서는 '帖'으로 판독하였다.

③ 飜譯文

태평(太平) 15년(1035) 을해(乙亥) 4월 일 □ 思□寺 … (이하 해석 불능) … 무게 4량이고 한 벌입니다.

(5) 統和15年銘靑銅鉢盂

① 解題

사뇌사 청동유물 일괄에는 바루가 22점 포함되어 있는데, 이 바루는 그 가운데 대형바루에 속하는 것이다. 이 바루의 높이는 11.7cm이고 입지름이 27.2cm이다.

구연부의 아래 바깥 면에 명문을 魚子로 點刻하였다. 명문의 統和 15년은 997년(성종 16)이며, 사뇌사지 출토 청동유물 중에서 연대가 확인되는 것 가운데 가장 오래된 것이다.

② 原文

統和十五年丁酉四月日禪院□□11)鉢 … (이하 판독 불능)

③ 飜譯文

통화(統化) 15년(997) 정유(丁酉) 4월 일 선원(禪院) … 바루[鉢] … (이하 판독 불능)

(6) 靑銅油斗

① 解題

이 청동제 유물은 밑바닥이 평평한 원통형 몸체에 뚜껑이 있는 盒 형태를 이루고 있다. 높이가 21.5cm, 입지름 25cm이다. 몸체의 바깥에 새겨진 명문내용에 따르면 기름말[油斗]로 사용되었다. 몸체 바깥의 중간에 1조의 돋은 줄을 둘렀으며, 뚜껑에는 세 곳에 如意頭文의 투창을 장식하였고 꼭대기에 연꽃 봉오리 형태의 꼭지를 달았다.

명문내용에 따르면, 사뇌사의 기름말을 平校할12) 때 청주목의 지방관인 副使, 判官, 司錄이 監檢하였으며, 부사와 사록 아래에는 그들의 手決을 새겨 놓았다. 실측한 결과에 따르면 몸체 안쪽에 있는 음각선까지의 용량이 2,500cc이며, 전체 용량은 5,000cc이다.13)

---

10) 『고려공예전』에서는 이 부분을 '重六斤'으로 판독하였으나, 『諸問題』에서는 '入卜'으로 판독하였다. '卜'부분은 분명하지 않다.

11) 『고려공예전』에서는 이 부분을 '(寺)於□'로 판독하였으나, 『諸問題』에서는 '彌勒'으로 판독하였다.

12) 平校는 되·말·자·저울 등을 도량형의 原器와 비교하여 교정하는 것을 말한다. 『고려사』 권84 형법1 職制 정종 12년조의 기록에 따르면, 매년 봄·가을로 공·사의 저울·斛·말·되·평미레 등을 平校하도록 하며, 지방에서는 東京·西京·4都護·8牧으로 하여금 이를 관장하게 한다고 하였다.

② 原文

清州牧官平[14)]校[15)]思惱寺傳受油斗印　住持重大師　宗常　加成

監[16)]

副使　　　　　(手決)

判官

司錄　　　　(手決)

③ 飜譯文

청주목관(清州牧官)이 사뇌사(思惱寺)에 전해오는 기름말을 평교하였습니다. 주지(住持) 중대사(重大師) 종상(宗常) 가성(加成)[17)].

감(監)

부사(副使)　수결(手決)

판관(判官)

사록(司錄)　수결

(7) 長信孝銘風鐸

① 解題

사뇌사지 발굴 청동일괄 유물 중에는 5.8cm~10.5cm 크기의 風鐸 11점이 발견되었다. 크기가 가장 작은 원추형 풍탁 1점을 제외하고 나머지는 모두 몸체가 사각으로 되어 있다. 이 가운데 3점에 명문이 있는데, "長信孝", "長信□" 등의 글자가 1~1.5cm 크기로 세로로 새겨져 있다.

이 풍탁은 크기가 높이 6.2cm, 직경이 3.6cm×4.0cm이다. 長信孝라는 명문은 발원자의 이름과 관계가 있는 듯하다.

② 原文

長信孝

---

13)『고려공예전』, 51쪽.

14) 위의 책에서는 '中'으로 읽었다.

15)『고려공예전』과『諸問題』에서는 '挍'로 읽었다.

16)『諸問題』에서는 '監'을 '平'과 '校' 사이에서 빠뜨린 것을 넣은 것으로 파악하였지만, 平校가 하나의 용어이며, '監'은 平校를 監檢하였다는 의미로 보아 아래에 열거된 지방관들의 역할을 나타낸 것으로 파악하는 것이 타당할 것이다.

17)『고려공예전』에서는 '加成'을 "다시 만들었다"라고 해석하였다.

③ 飜譯文

장신효(長信孝)

[참고문헌]

김홍주, 1994, 「청주 사직동 출토 사뇌사명 반자」, 『美術資料』52.

국립청주박물관·99청주국제공예비엔날레조직위원회, 1999, 『99청주국제공예비엔날레기념 고려공예전(도록)』.

정지희, 2003, 「淸州 龍華寺 石佛像群의 연구」, 『美術史學硏究』237·238.

노명호 외, 2004, 『韓國古代中世地方制度의 諸問題』, 집문당.

金廷賢, 2009, 「淸州 思腦寺 金屬遺物 硏究」, 고려대 석사학위논문.

蔡雄錫

서울대학교 국사학과 졸업
서울대학교 문학석사
서울대학교 문학박사
가톨릭대학교 인문학부(국사학 전공) 교수

韓國金石文集成 (35)

초판 인쇄일 : 2012년 10월 15일
초판 발행일 : 2012년 10월 25일

編 著 : 蔡雄錫
발행처 : 韓國國學振興院
경북 안동시 도산면 퇴계로 1997
Tel : (054)851-0700 Fax : (054)851-0729
인쇄처 : (株)圖書出版 書藝文人畵
Tel : (02)732-7096~7 Fax : (02)738-9887
출판등록 제36호
ISBN 978-89-6178-130-5(94010)
89-952930-0-4(세트)

ISBN 978-89-6178-130-5

값 29,000원

韓國金石文集成(35)

高麗19 金文 및 기타(圖錄篇)

蔡雄錫 編著

韓國國學振興院
青溟文化財團

목 차

一、龍頭寺址鐵幢竿

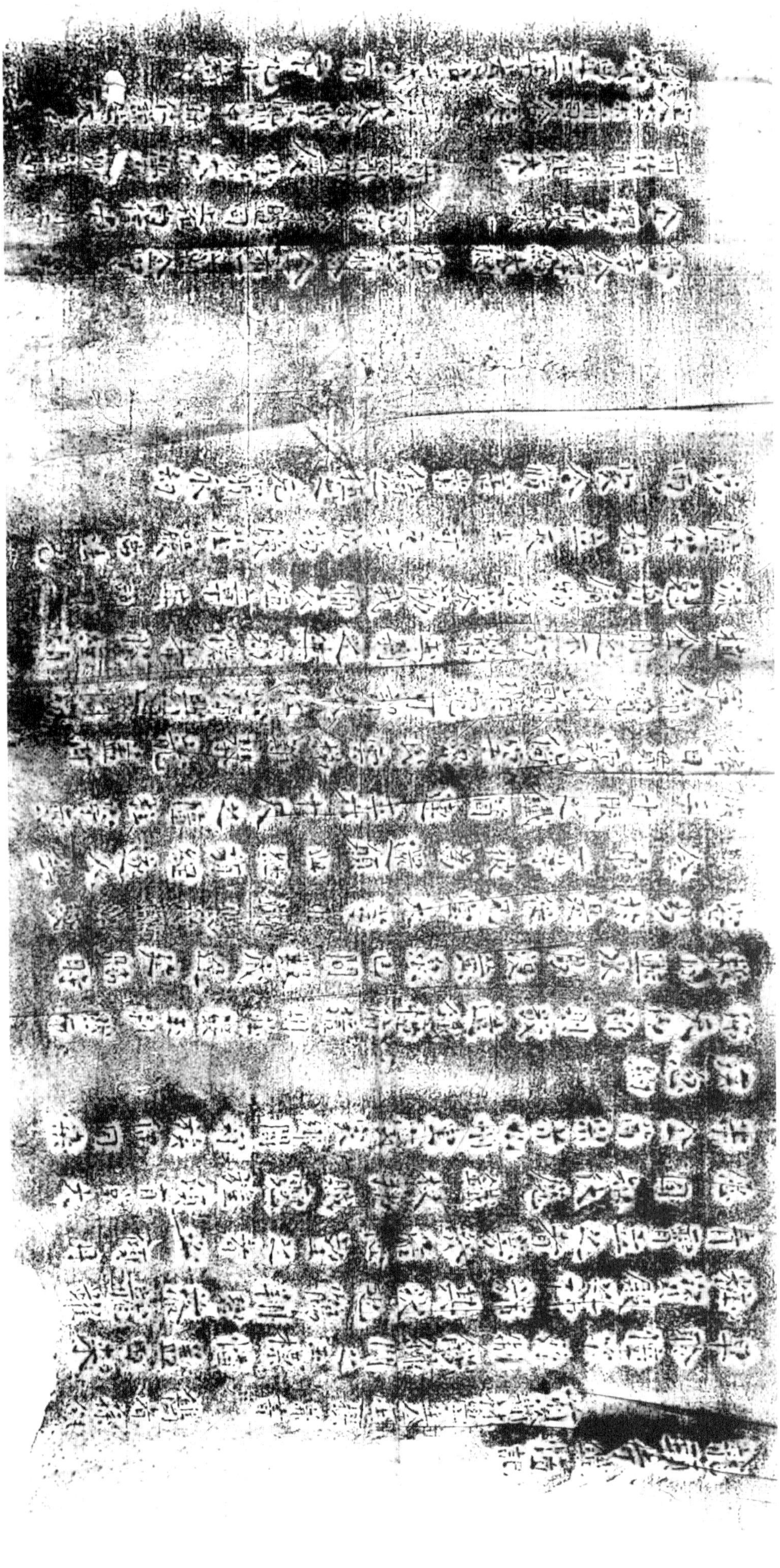

龍頭寺址鐵幢竿 · 1

龍頭寺址鐵幢竿 · 2

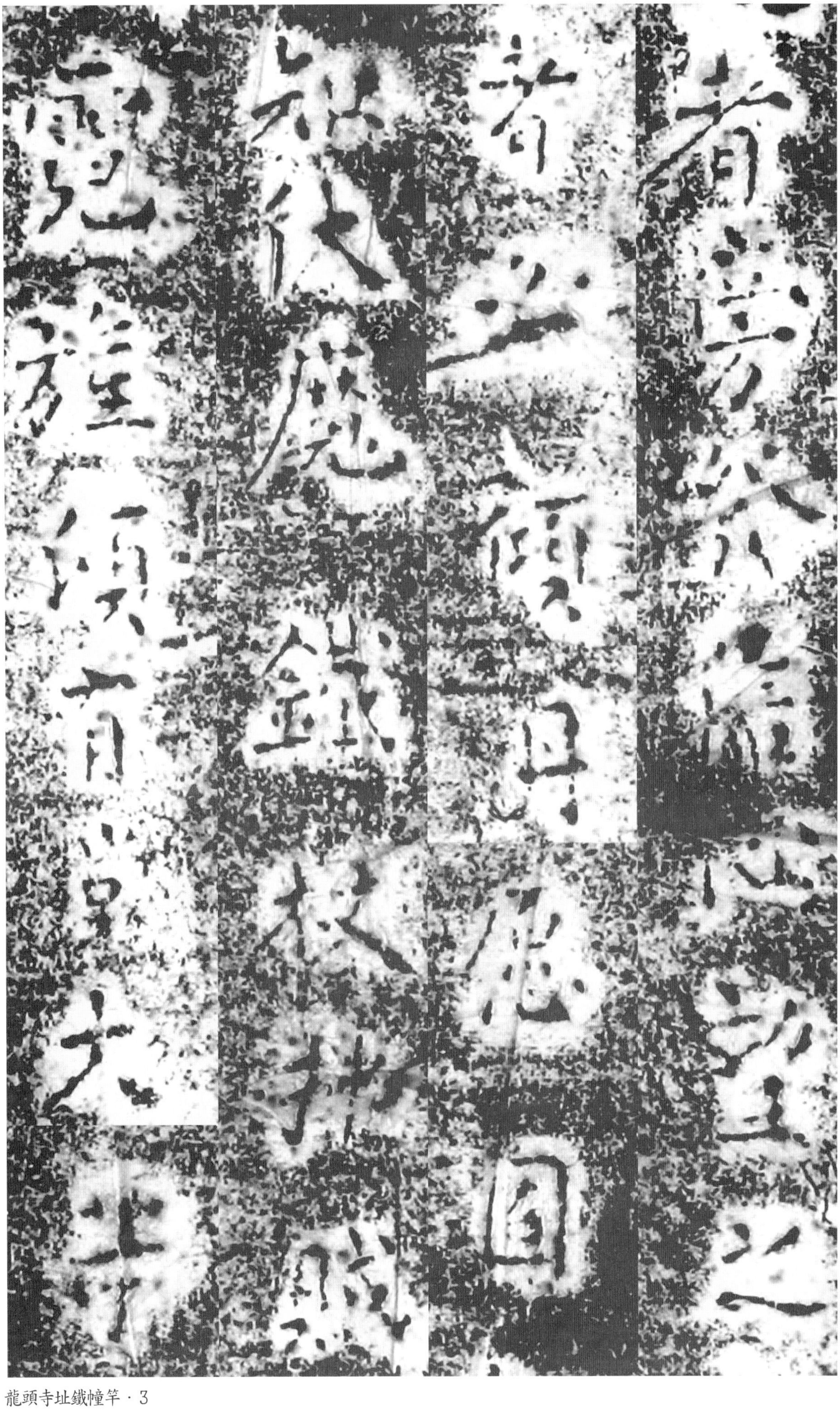

龍頭寺址鐵幢竿・3

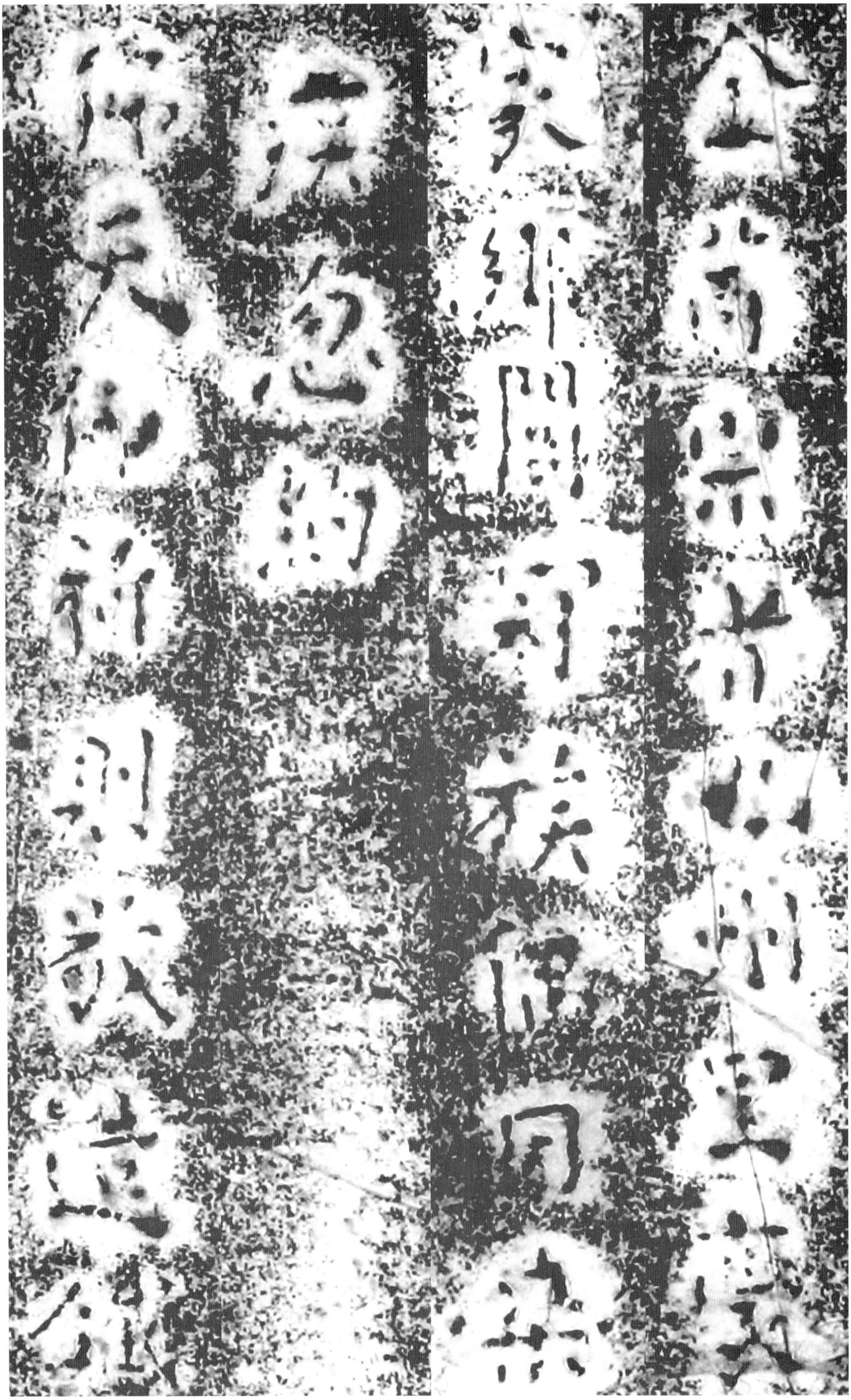

11

龍頭寺址鐵幢竿 · 4

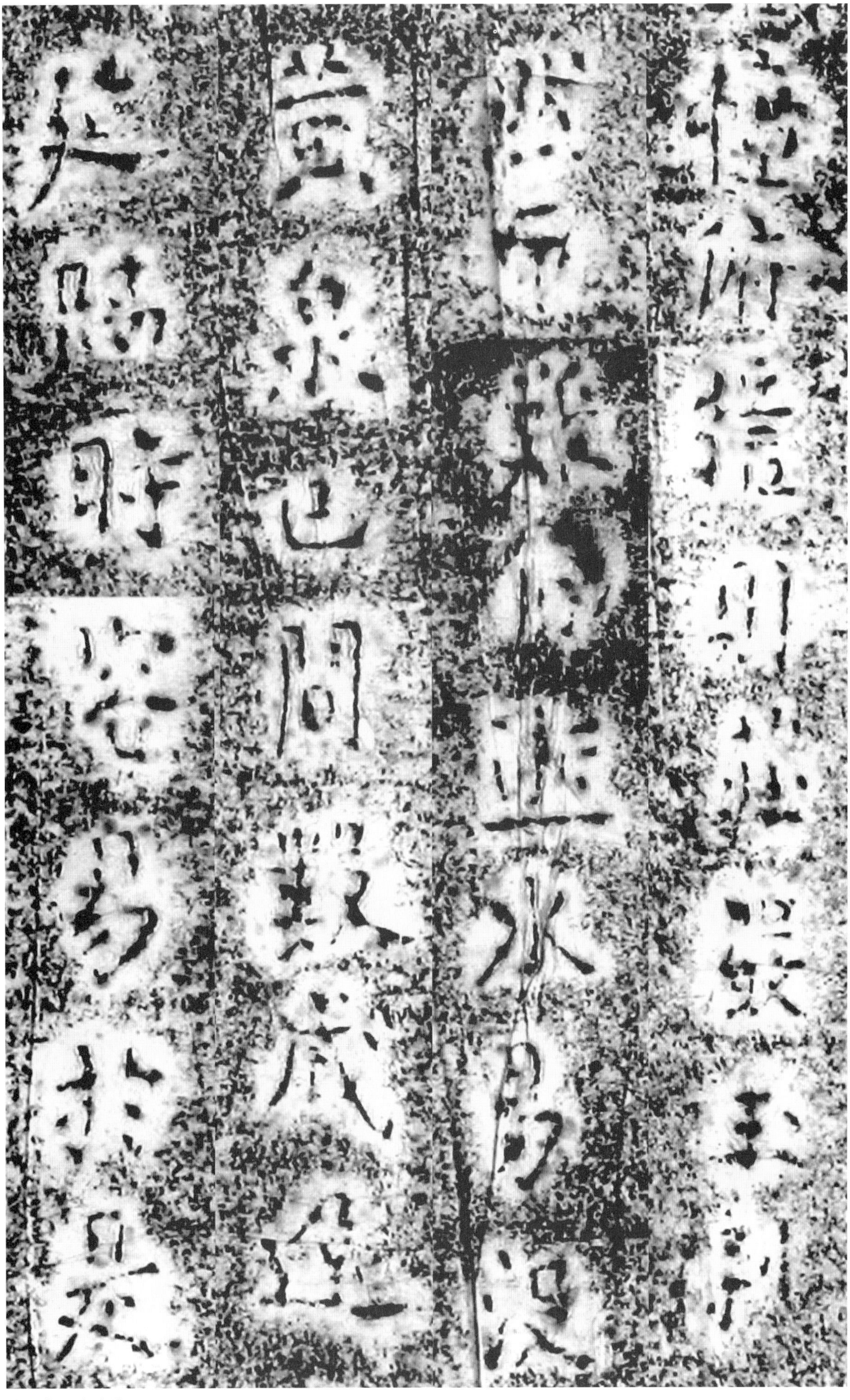

龍頭寺址鐵幢竿 · 5

龍頭寺址鐵幢竿 · 7

龍頭寺址鐵幢竿 · 8

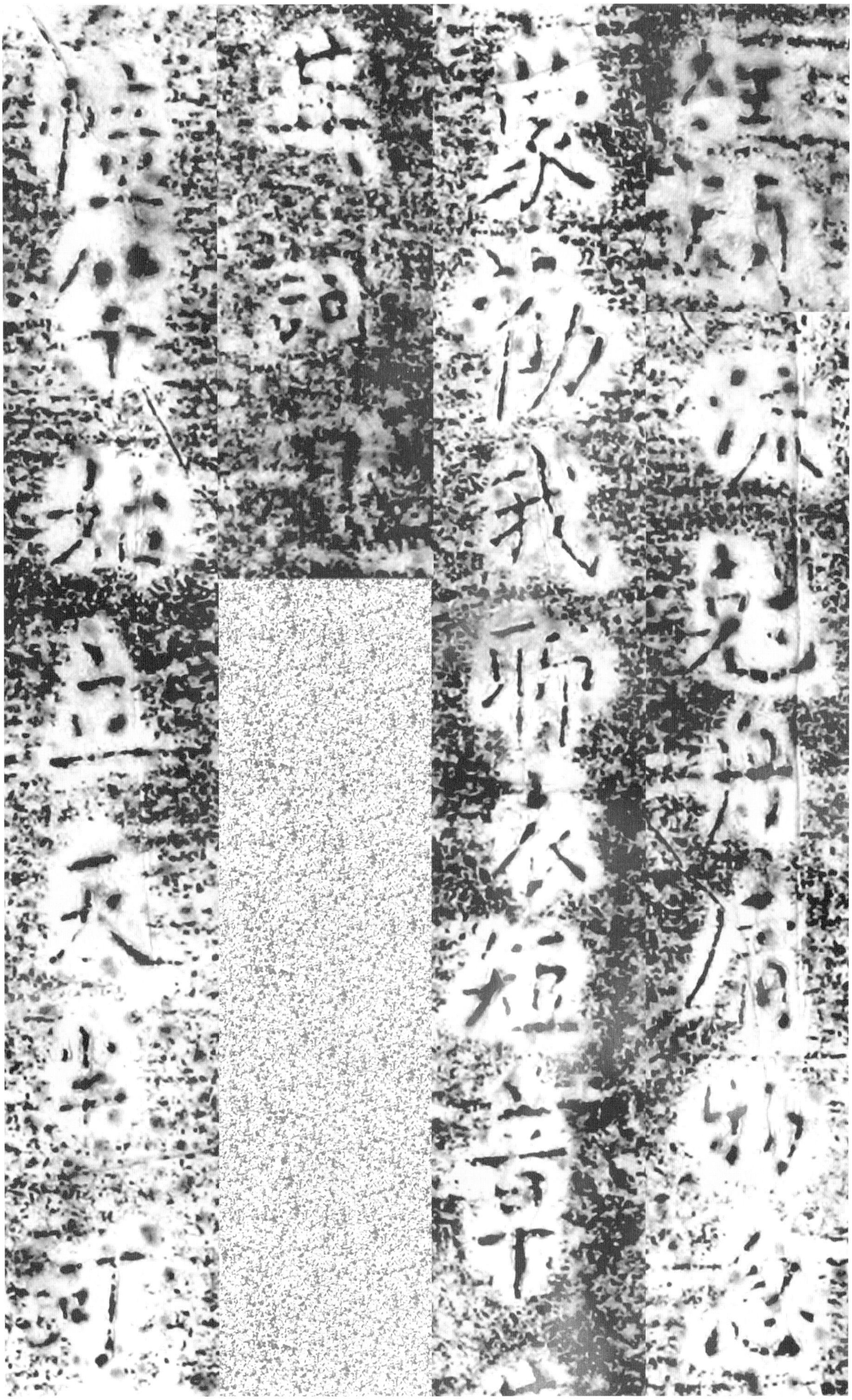

龍頭寺址鐵幢竿 · 9

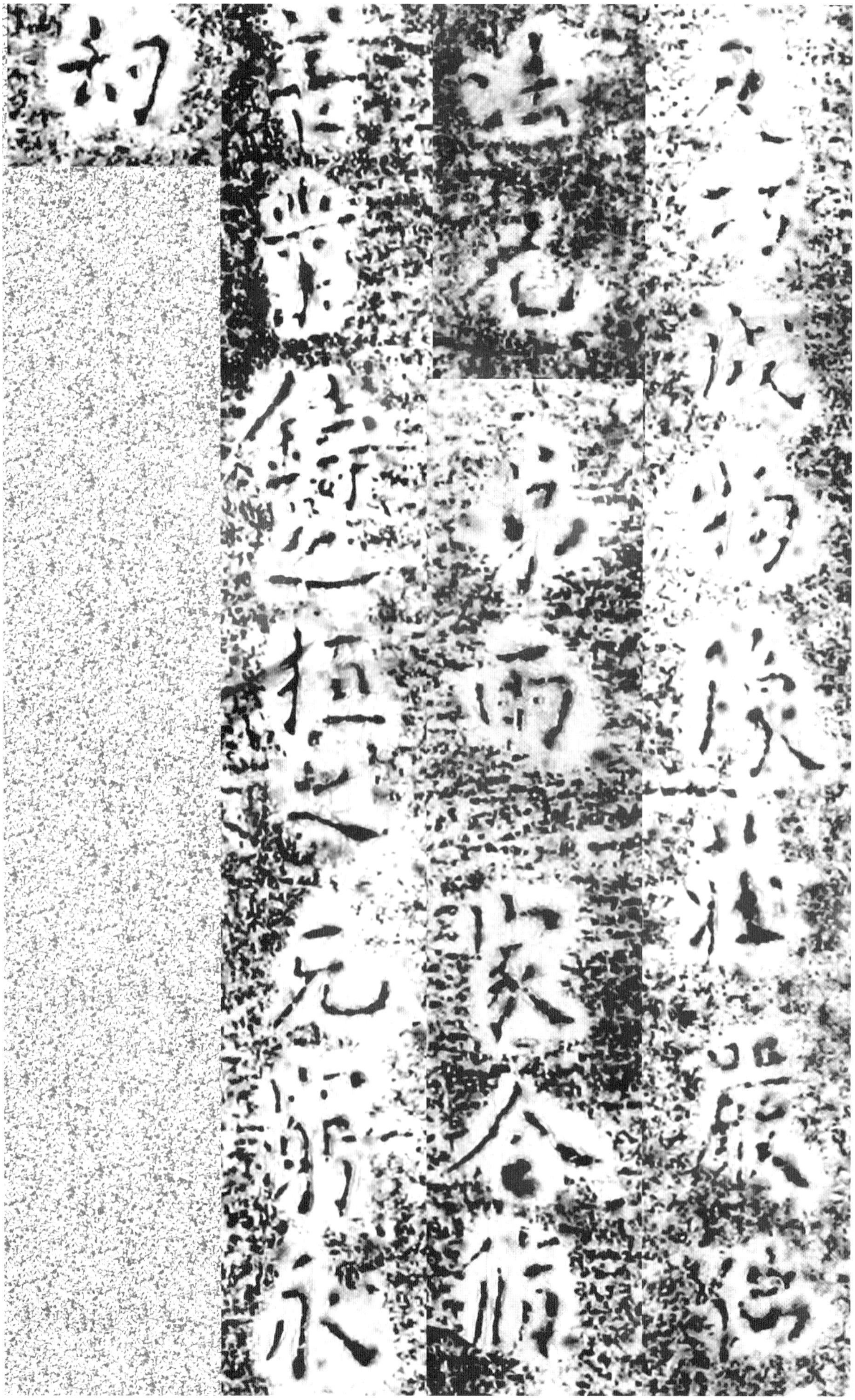

龍頭寺址鐵幢竿 · 10

龍頭寺址鐵幢竿 · 11

龍頭寺址鐵幢竿 · 12

龍頭寺址鐵幢竿 · 13

二、古弥縣西院鐘

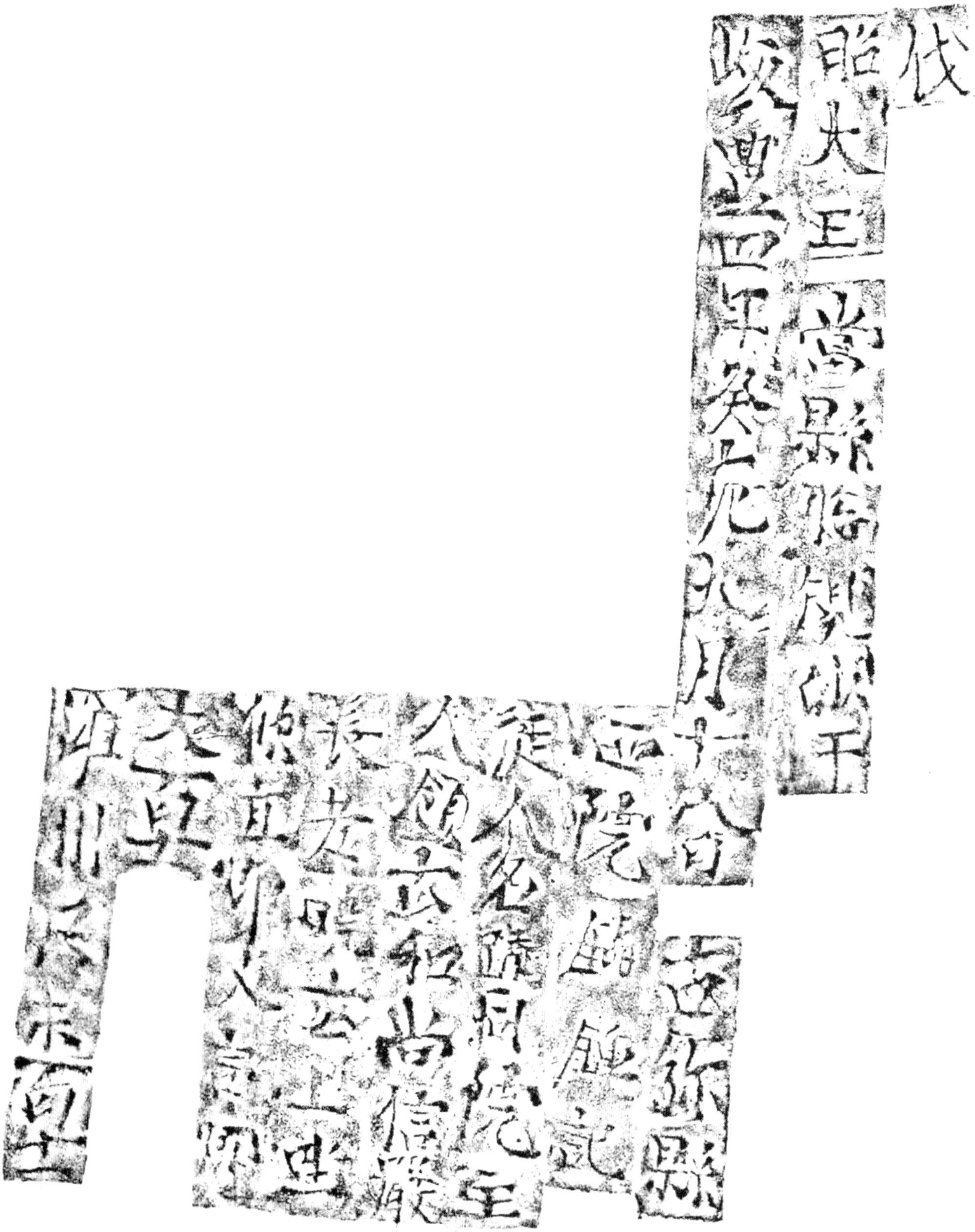

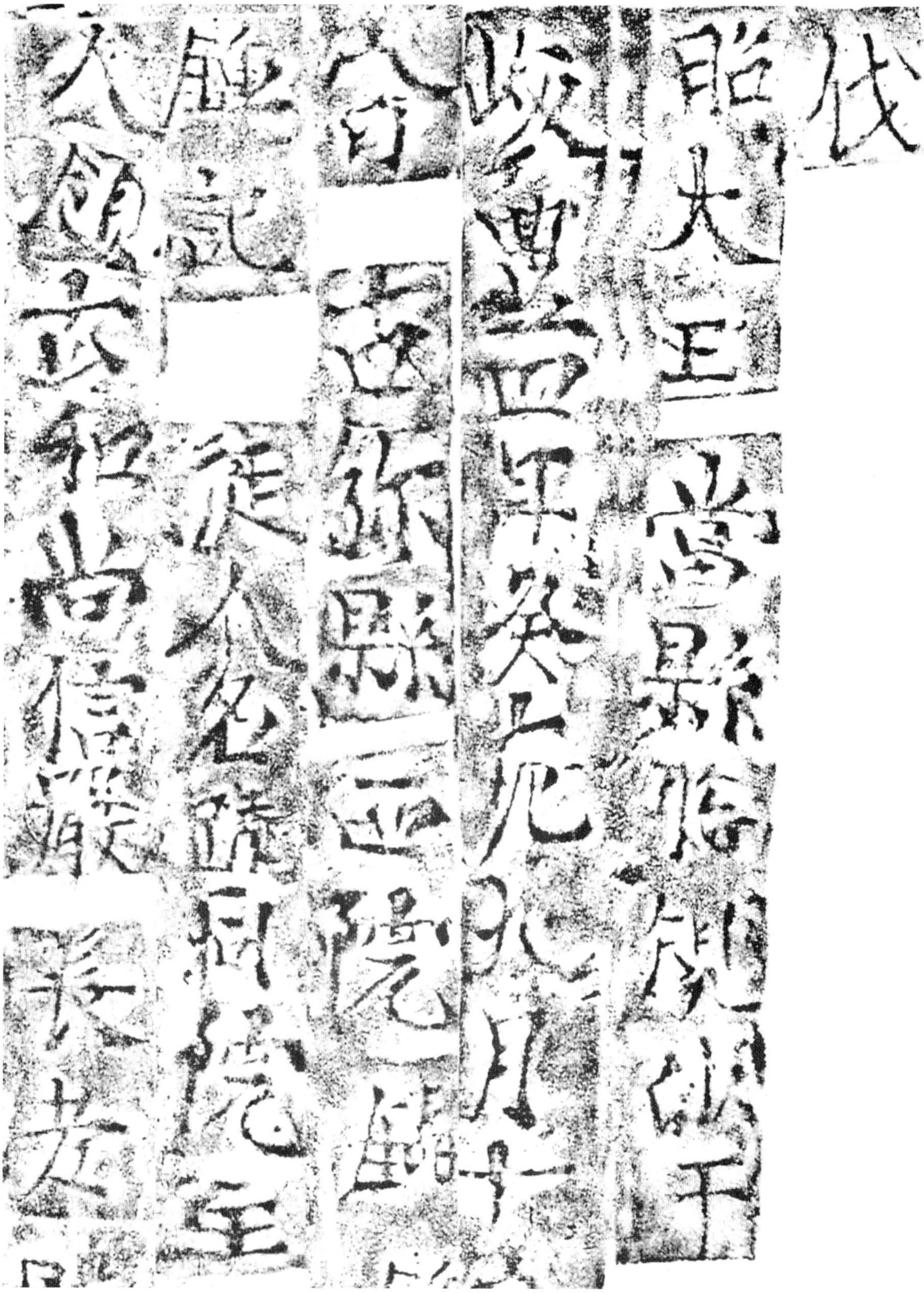

古弥縣西院鐘 · 1

古弥縣西院鐘 · 2

三、太平2年銘磨崖藥師佛座像

太平2年銘磨崖藥師佛座像 · 1

太平2年銘磨崖藥師佛座像 · 2

四、太平興國6年銘磨崖觀音菩薩半跏像

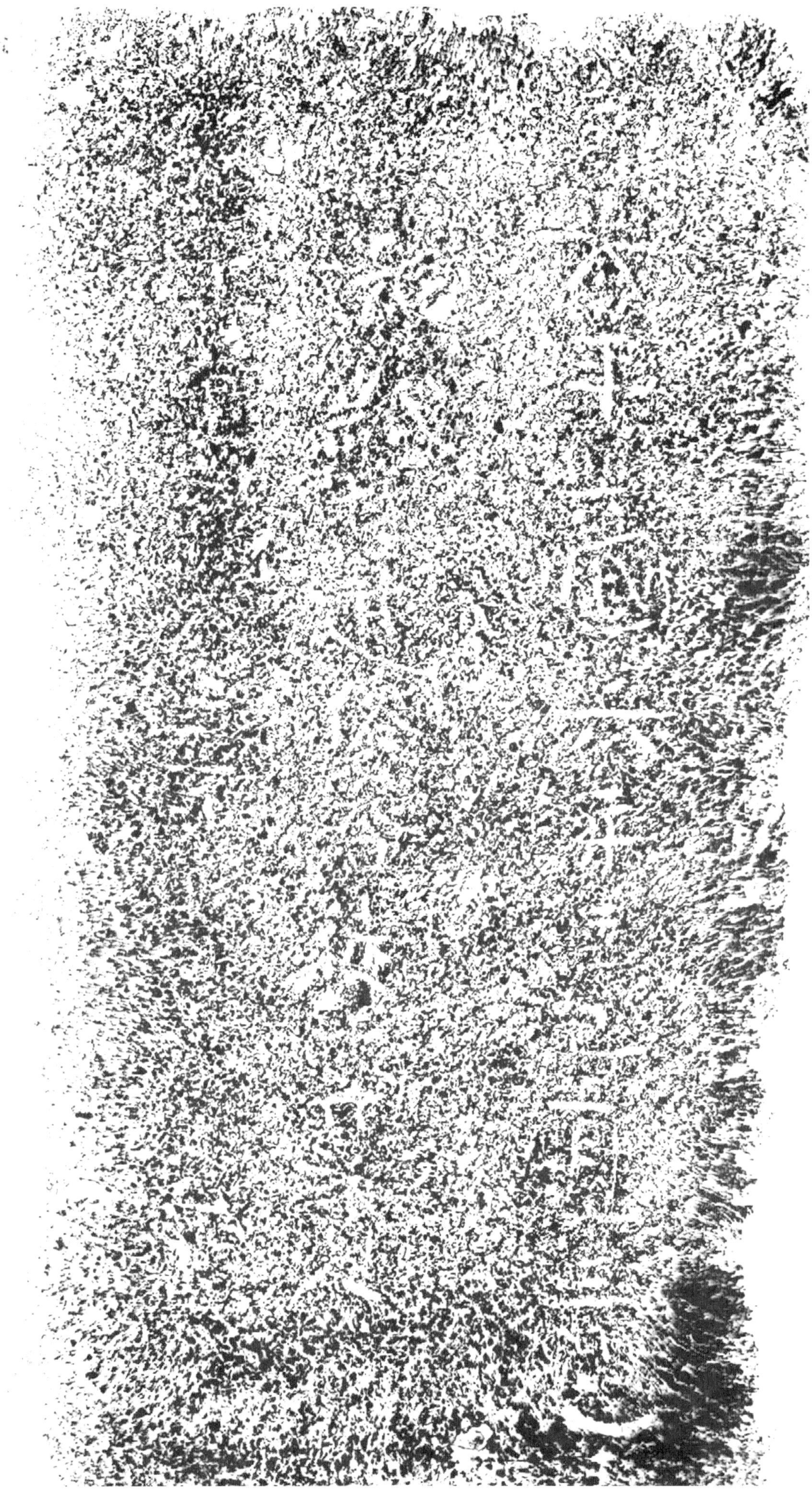

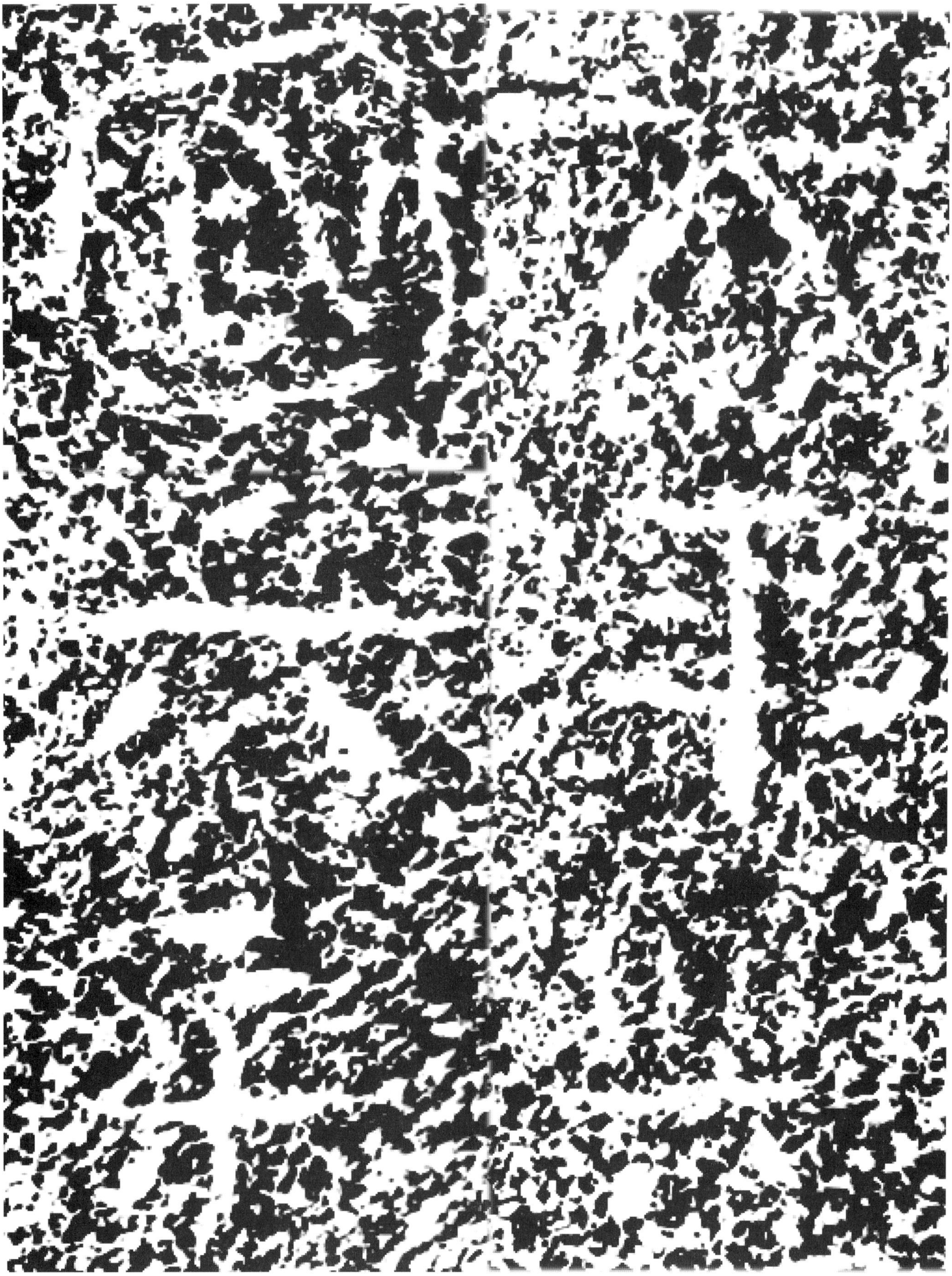

太平興國6年銘磨崖觀音菩薩半跏像 · 1

太平興國6年銘磨崖観音菩薩半跏像・2

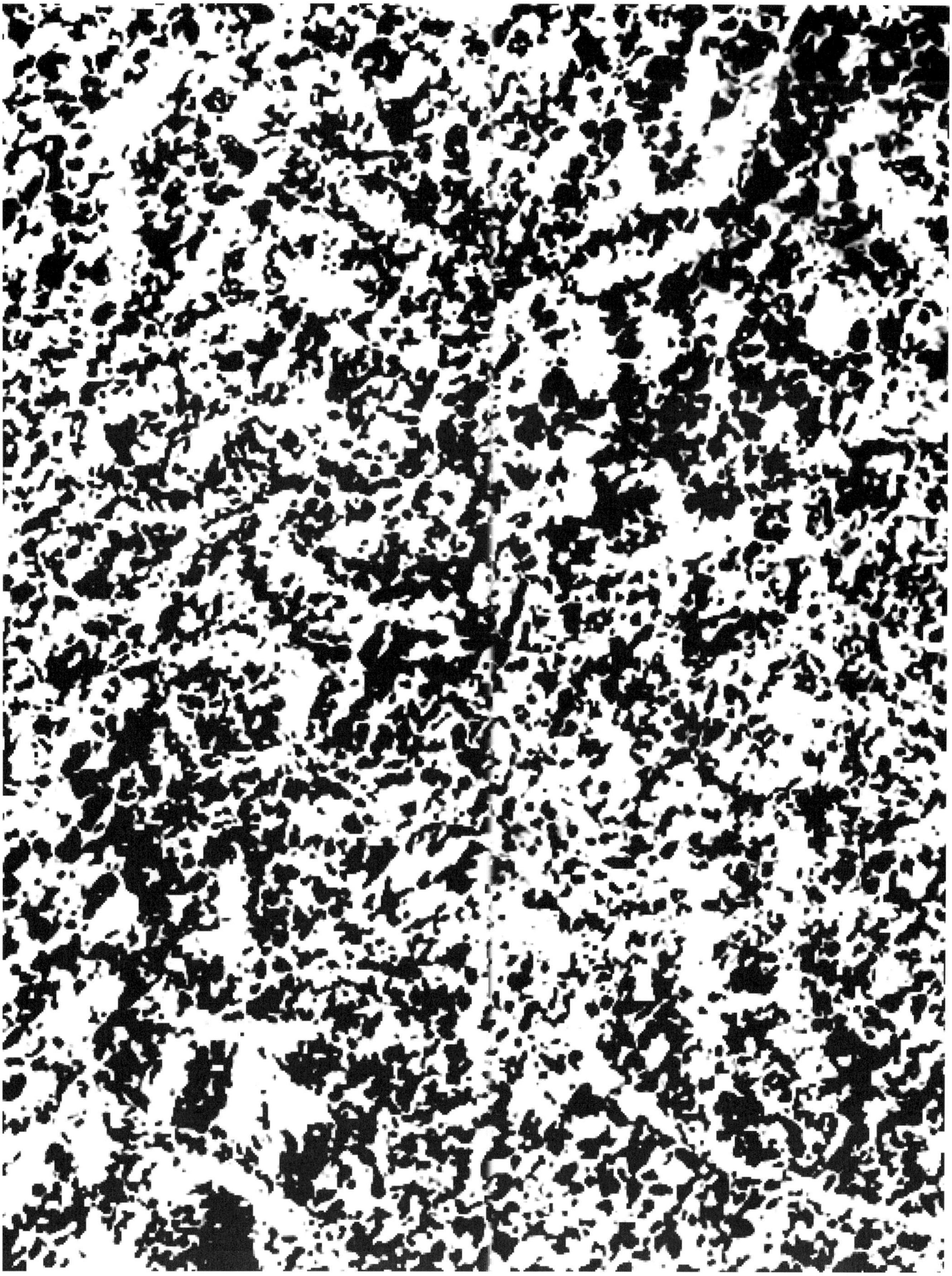

太平興國6年銘磨崖觀音菩薩半跏像 · 3

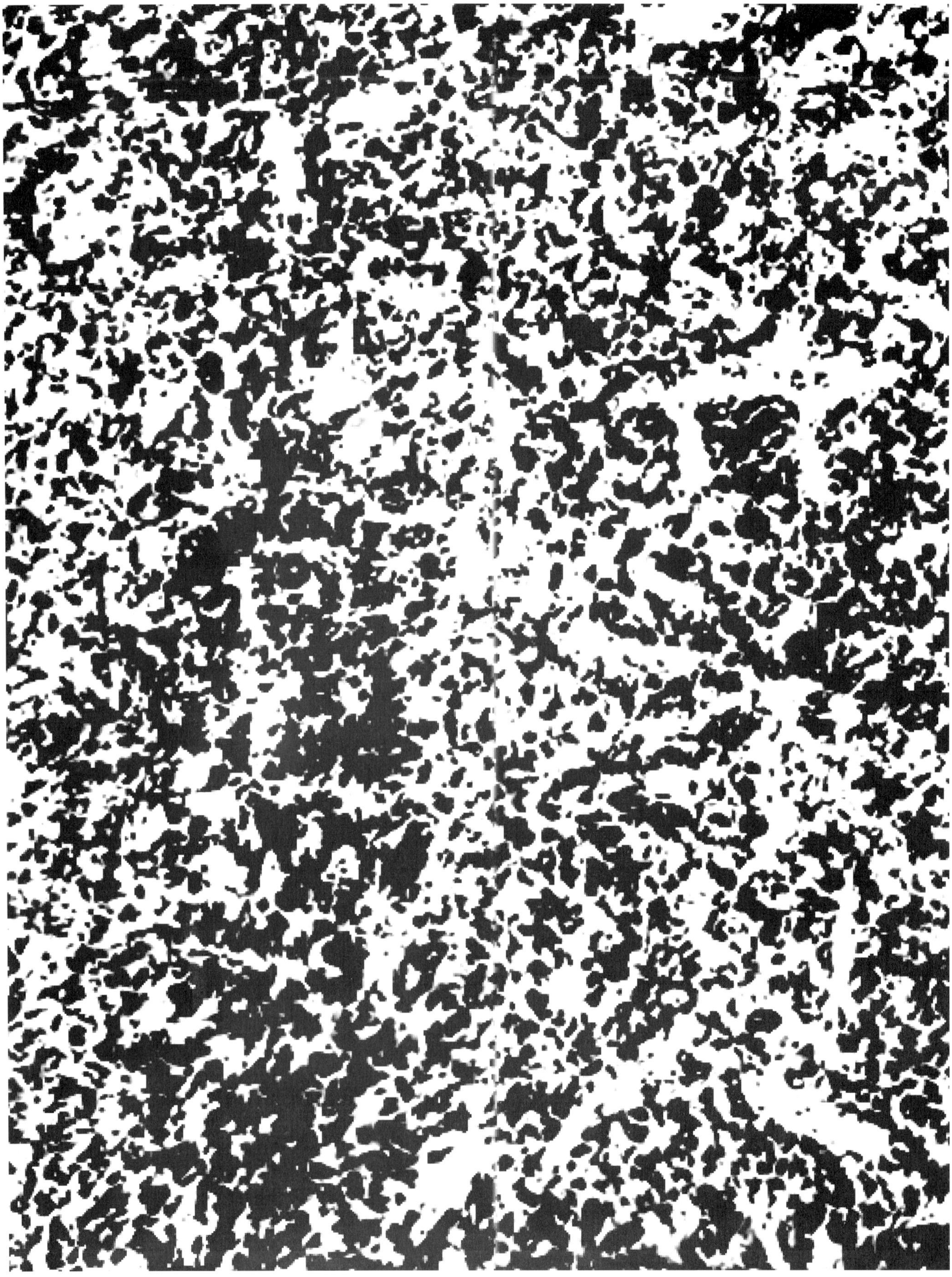

太平興國6年銘磨崖觀音菩薩半跏像 · 4

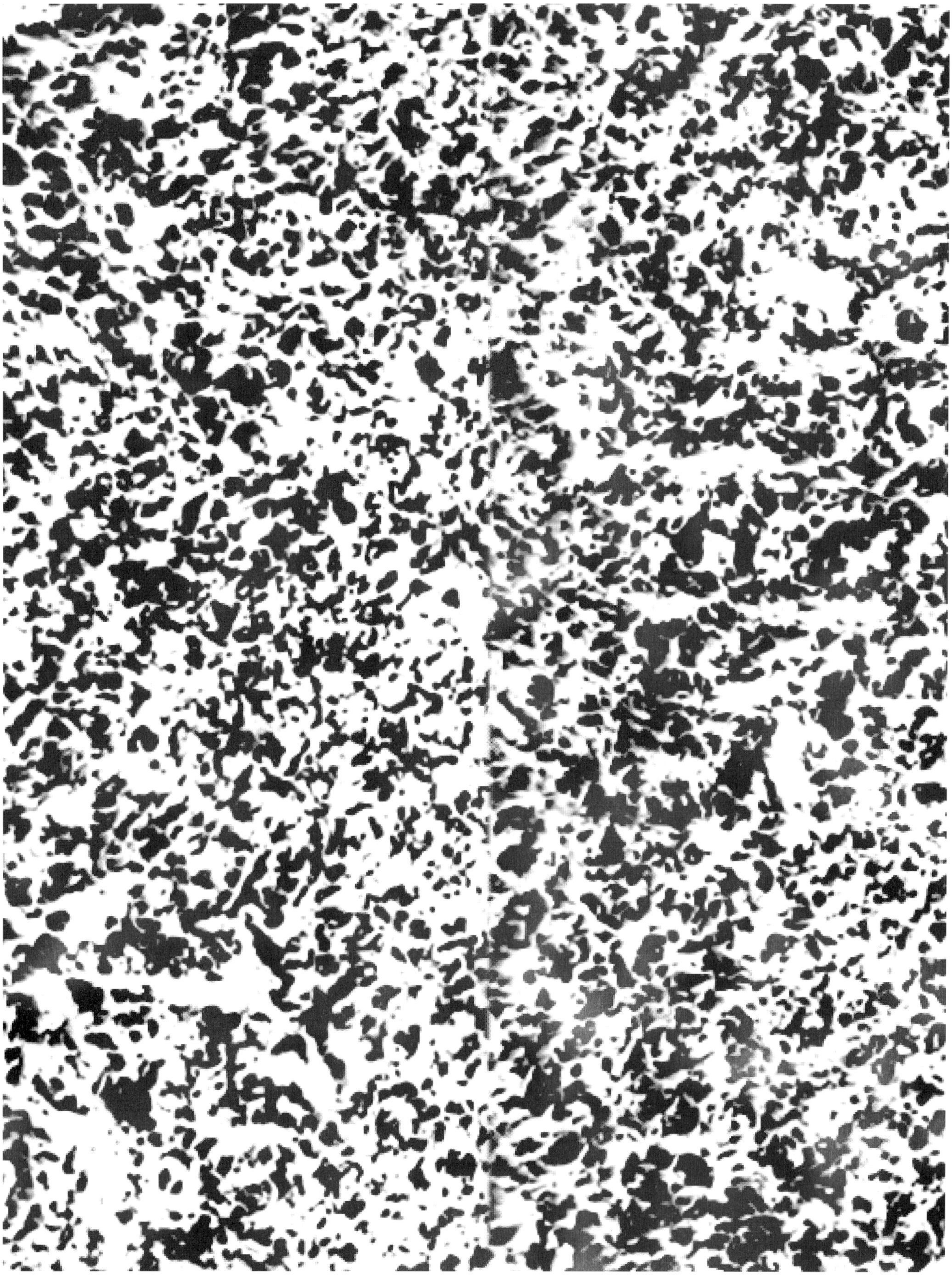

太平興國6年銘磨崖観音菩薩半跏像・5

五、東臺塔誌石

維統和二十三年歲次
乙巳五月二十日東臺
塔傾落治建時
寺主高教之任大
師迴秀和尚時造
千仏祖堂五間千仏

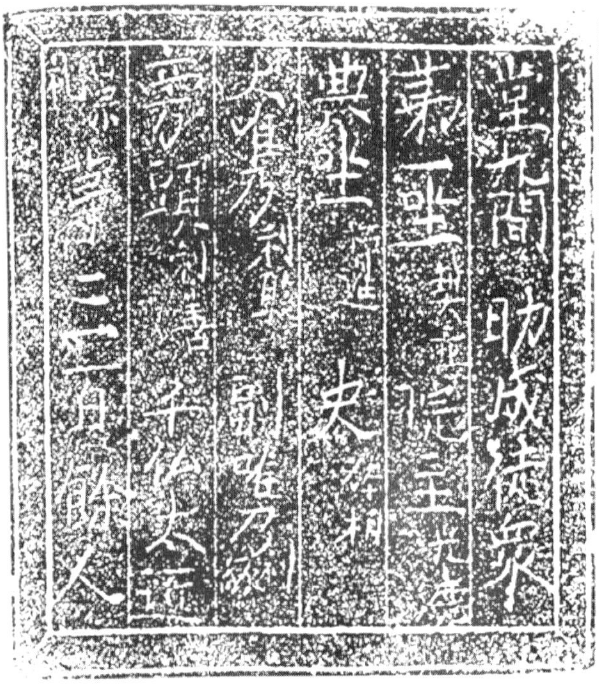
堂五間助成徒衆
第一坐 [illegible]
典坐 [illegible]
大德秀 [illegible] 別將 [illegible]
亨頭 [illegible] 千仏 [illegible]
[illegible] 三百餘人

統和二十三年歲次乙
巳之年始造[illegible]塔頹
落久矣皇明正德三年
戊辰之歲改造奈安舍
利五介更建時施主尼
丘宗修 金內隱 金主非
修紹

石手 省雲 六道 覺連
達鉢 信玉 同連
供養主 学行 道安
化主 戒空 持社主坦
和 侍見同修徒衆二百余人
正德三年戊辰五月十六日
重建記

維統和二十三年歲次
乙巳五月二十日東邊
塔依落治達時
寺主高敎之佳大
師廻秀和尙時造
千仏祖堂五間千仏

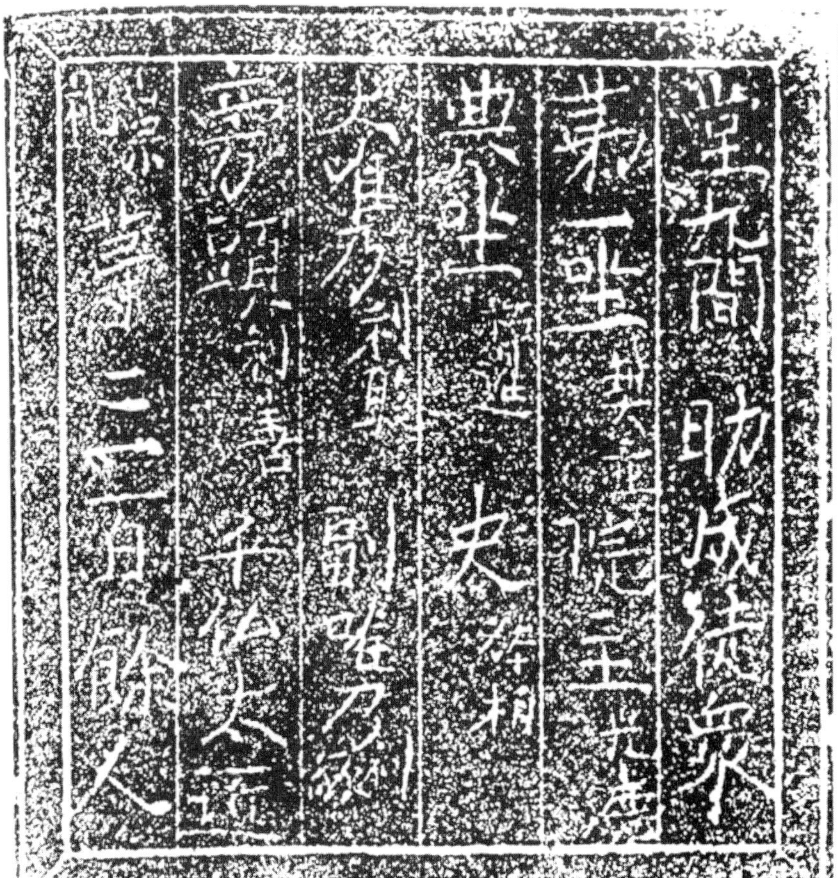
堂五間助成徒衆
三百餘人

東臺塔誌石 · 1

統和二十三年歲次乙
巳之年始造之[illegible]寺後頹
落久矣皇明正德三年
戊辰之歲改造於安舍
利五介更建時施主[illegible]
丘宗修金內隱金[illegible]
脩鉊

石手省雲六通克建
建能 信主 同建
供養主 学竹 道安
化主 戒空 持社主 坦
和 詩見同修徒衆二百余人
正德三年戊辰五月十六日
重建記

東臺塔誌石 · 2

六、芝峴里3層石塔

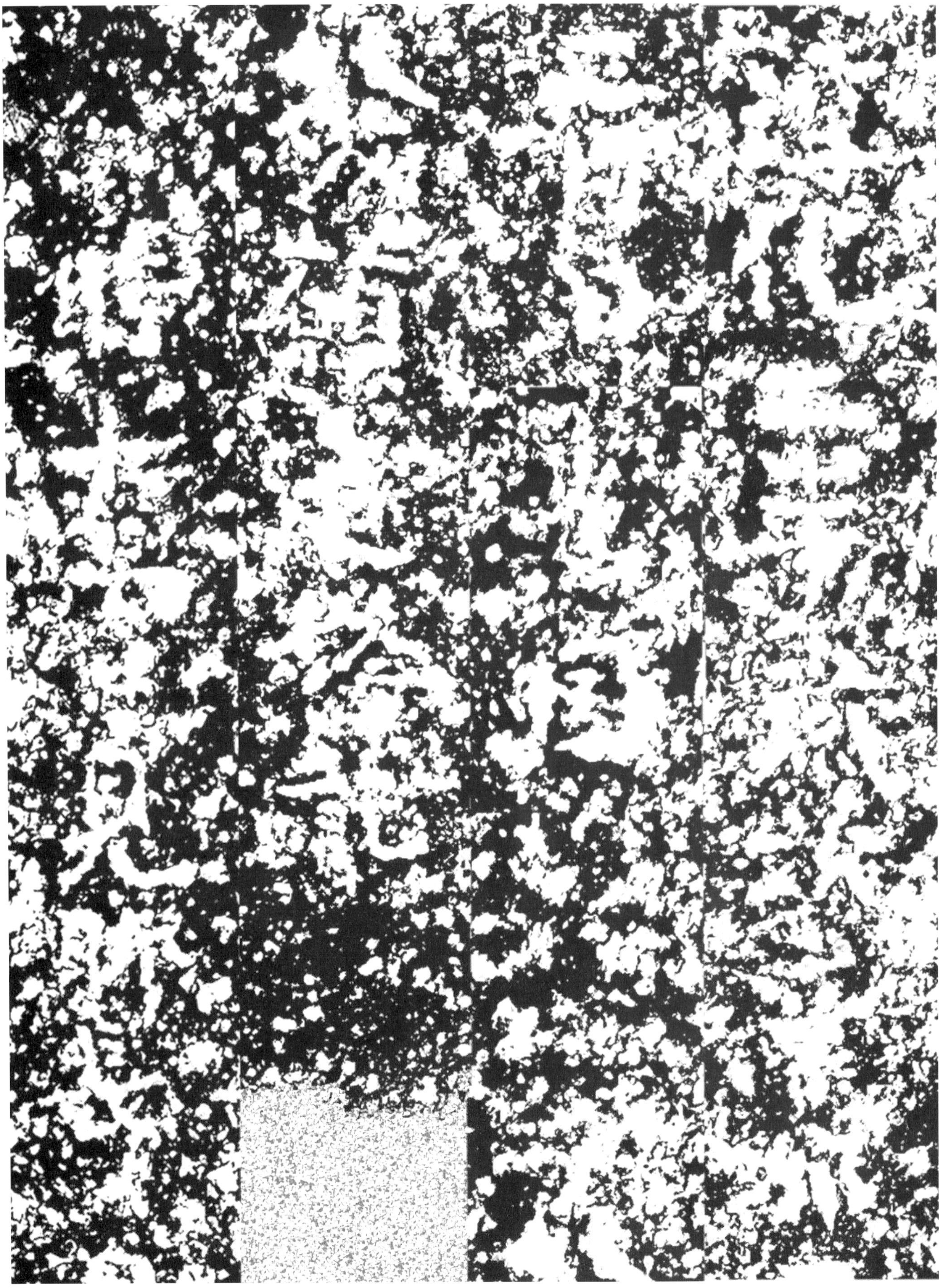

芝峴里3層石塔 · 1

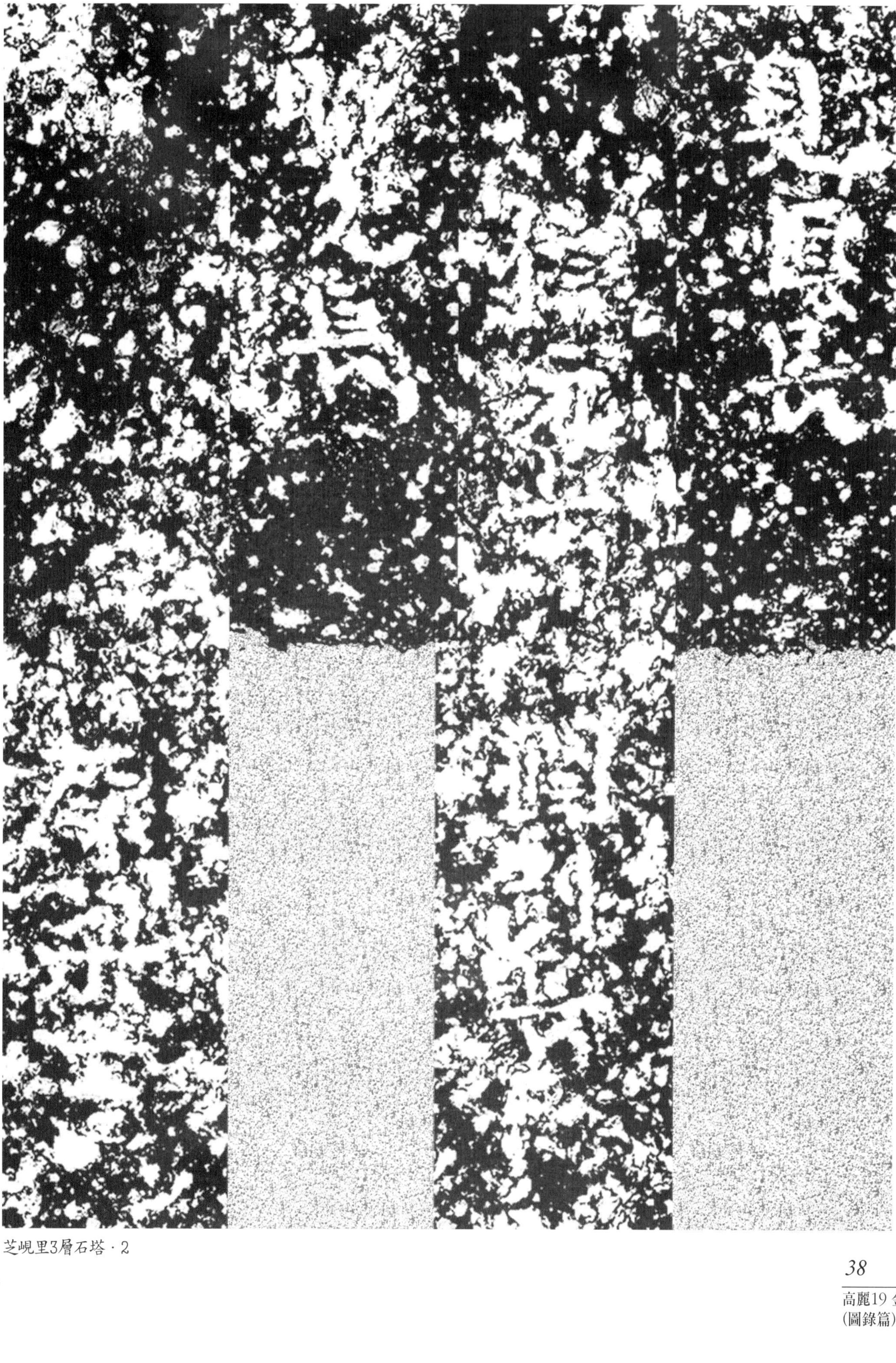

芝峴里3層石塔 · 2

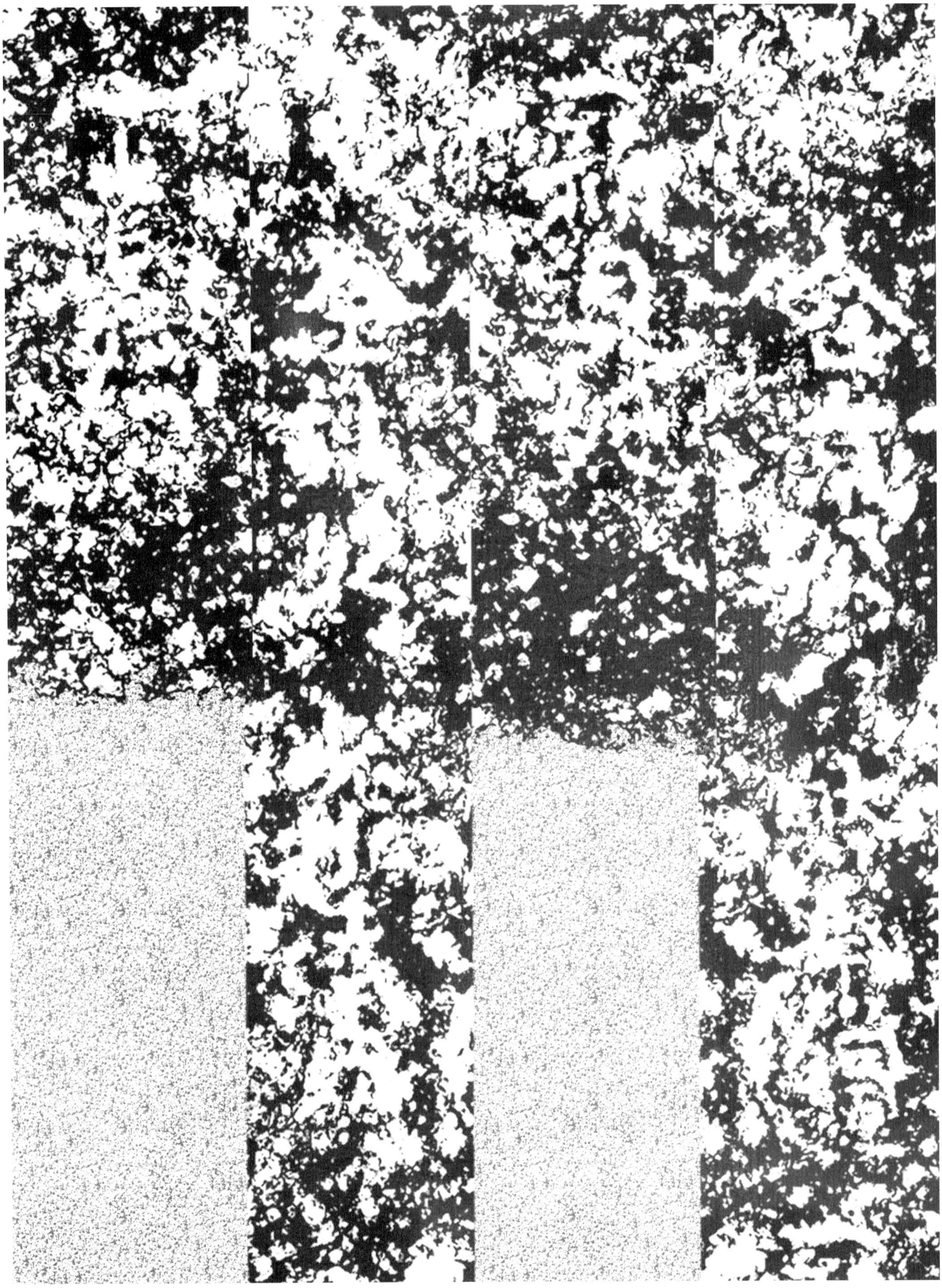

芝峴里3層石塔 · 3

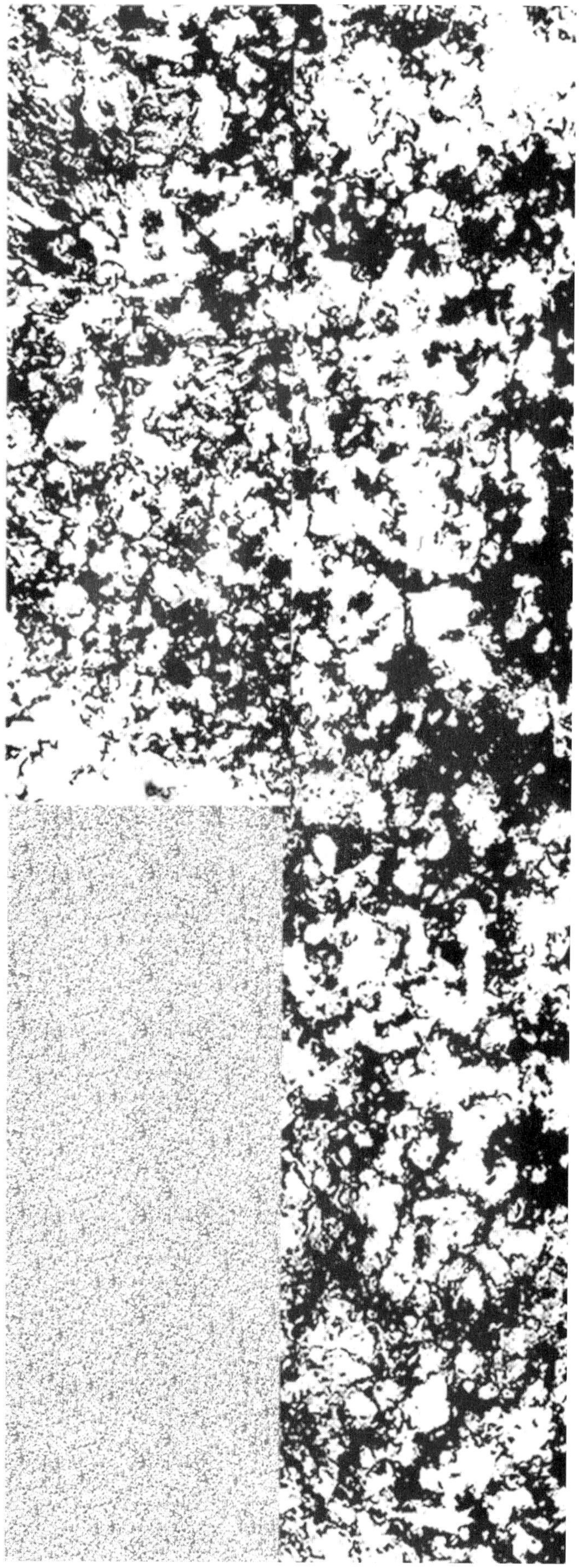

芝峴里3層石塔 · 4

七、長命寺石塔誌石

八、開心寺址5層石塔

<상대 갑석의 처마 아랫면>

(남면)

開心寺址5層石塔·1

開心寺址5層石塔 · 2

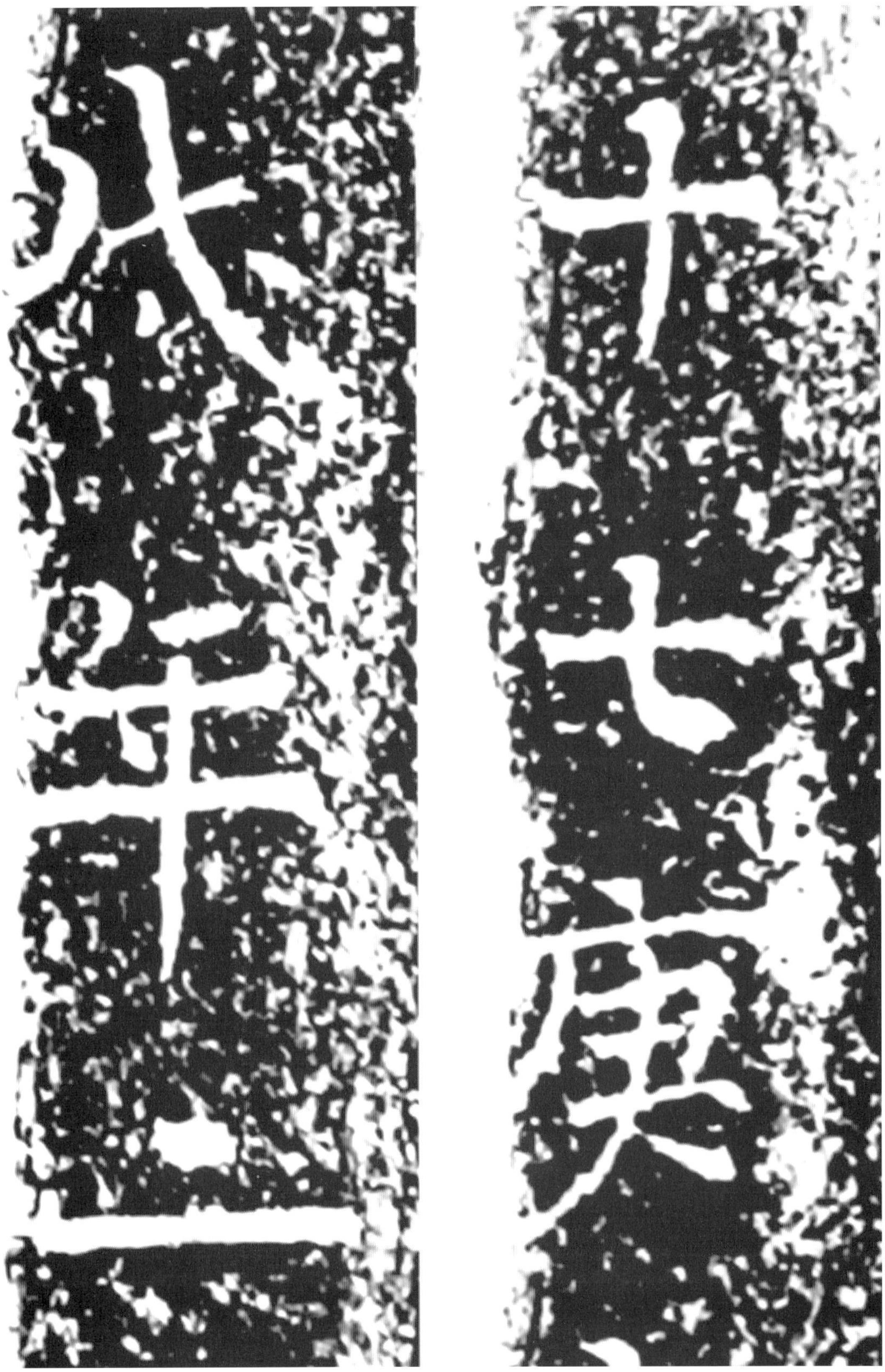

開心寺址5層石塔 · 3

開心寺址5層石塔 · 4

(서면)

開心寺址5層石塔 · 5

開心寺址5層石塔 · 6

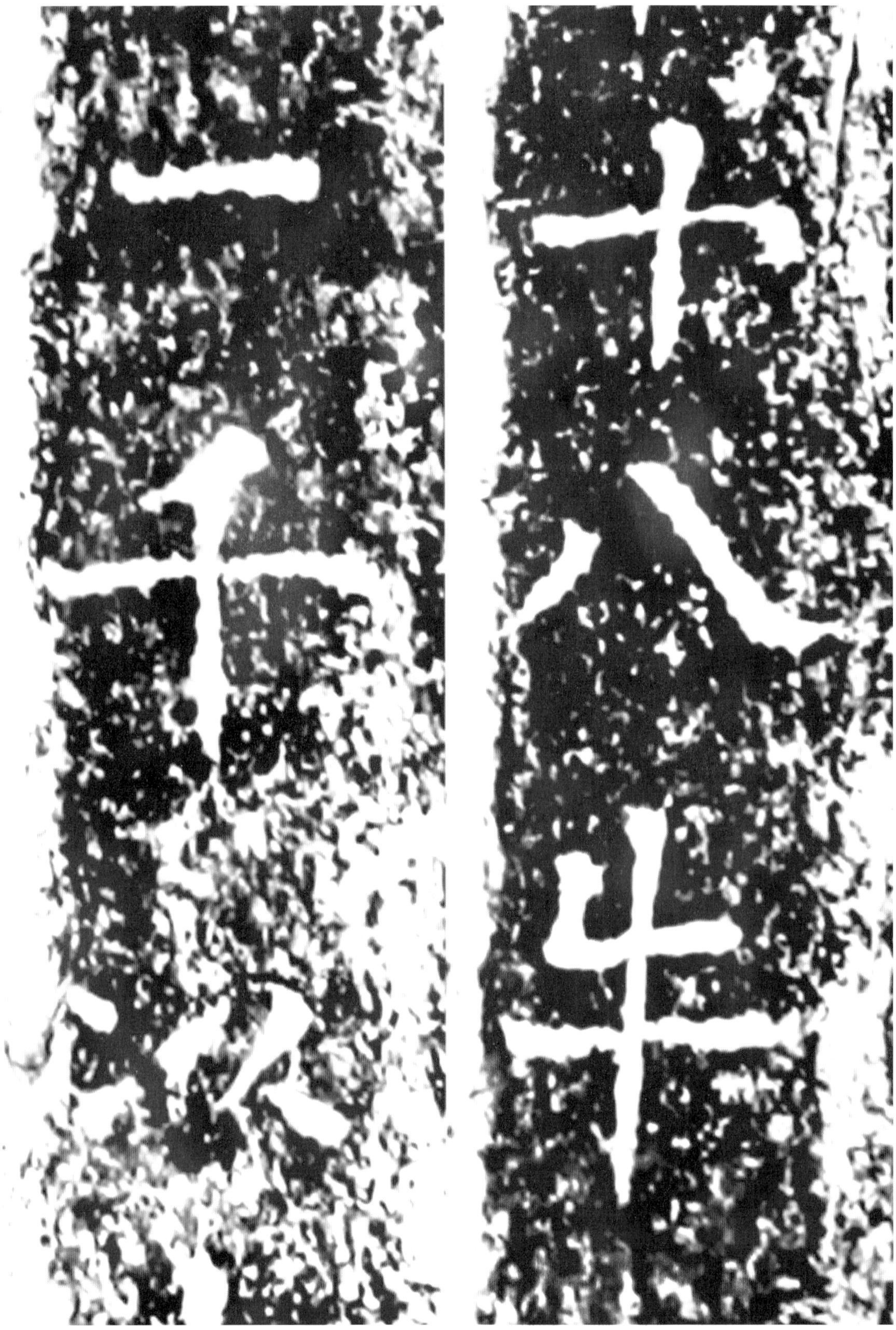

開心寺址5層石塔 · 7

開心寺址5層石塔 · 8

(북면)

開心寺址5層石塔 · 9

開心寺址5層石塔 · 10

開心寺址5層石塔 · 11

開心寺址5層石塔 · 12

(동면)

開心寺址5層石塔 · 13

開心寺址5層石塔 · 14

開心寺址5層石塔 · 15

開心寺址5層石塔 · 16

<상대 중석의 동쪽면>

開心寺址5層石塔 · 17

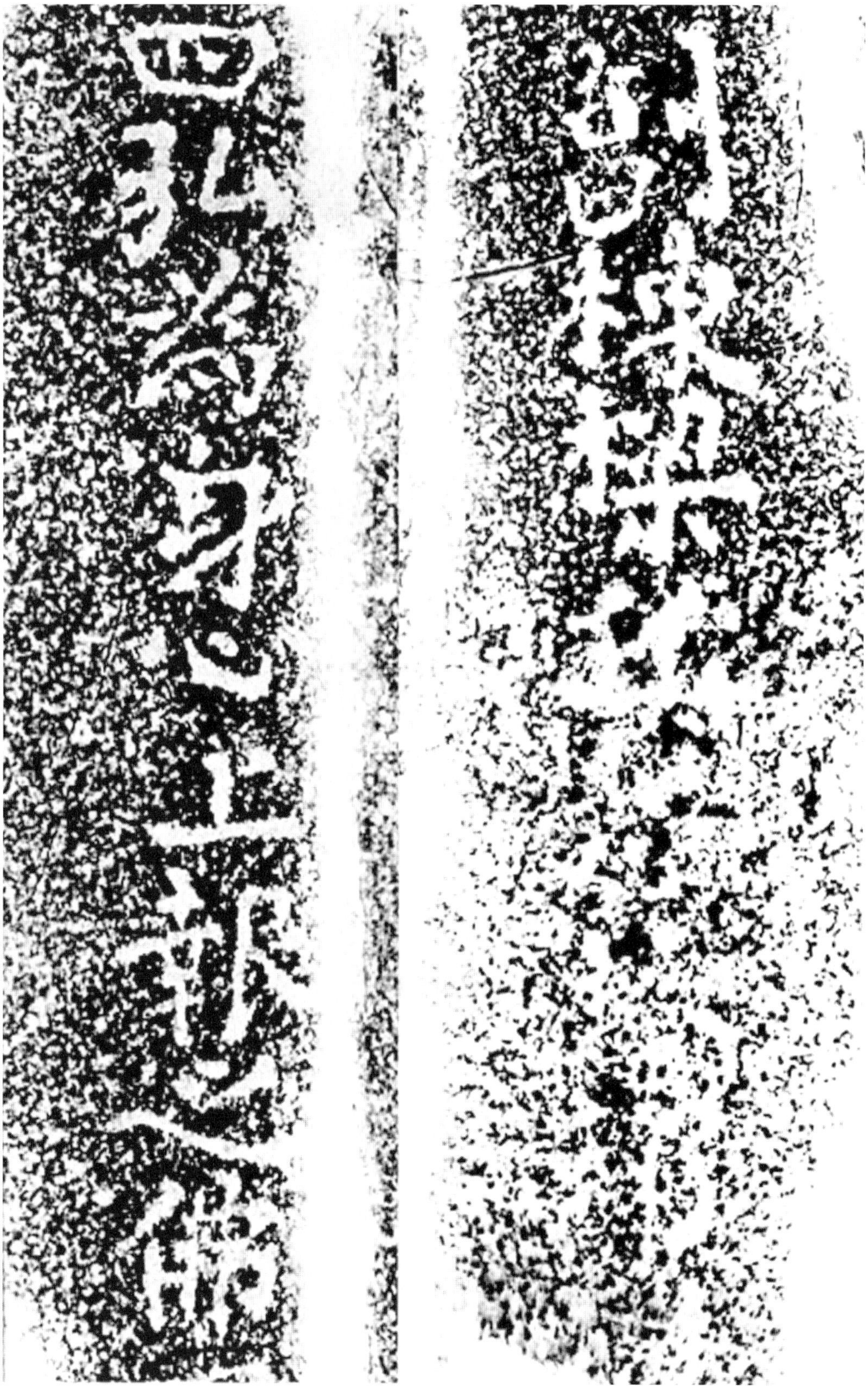

開心寺址5層石塔 · 18

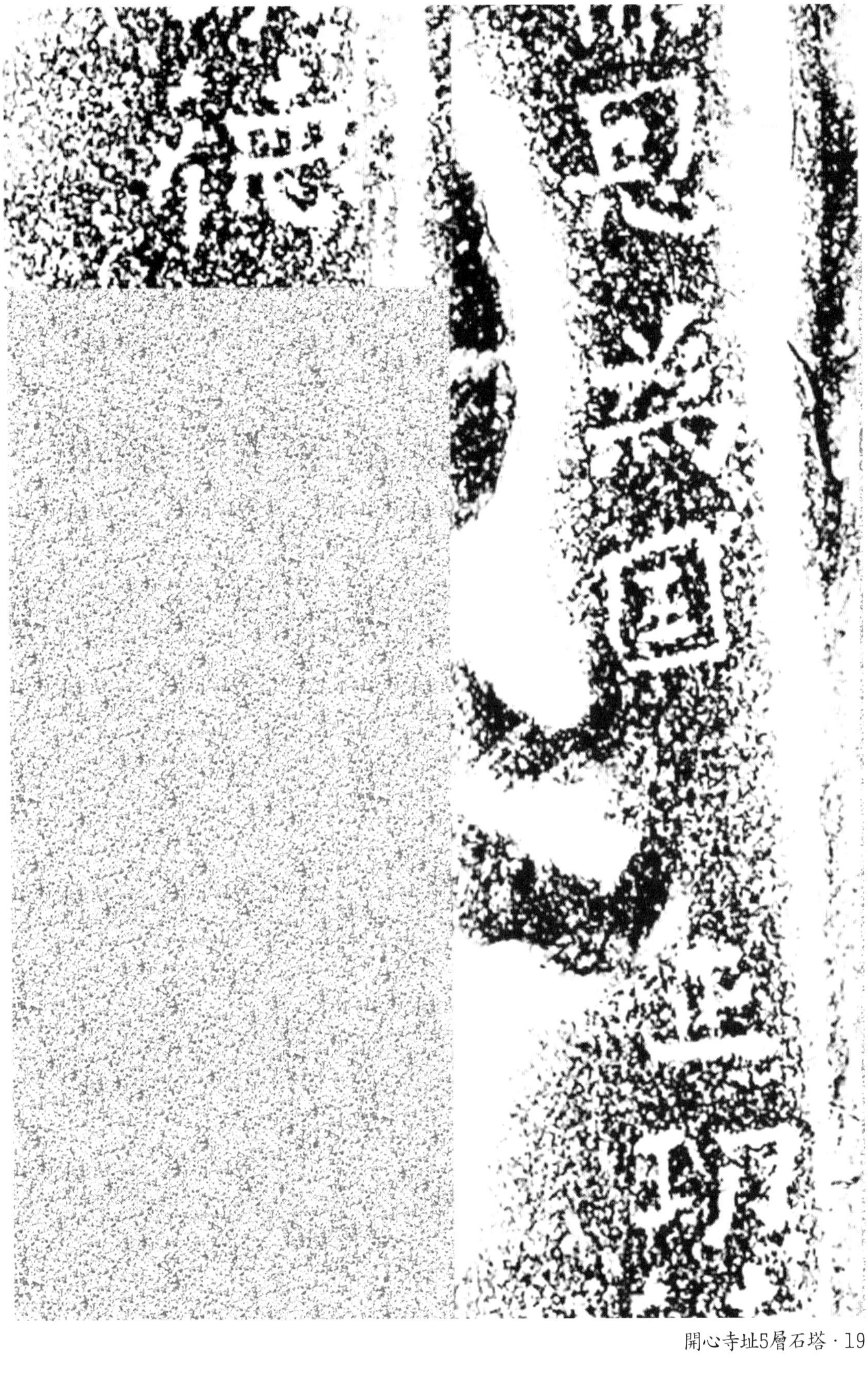

開心寺址5層石塔 · 19

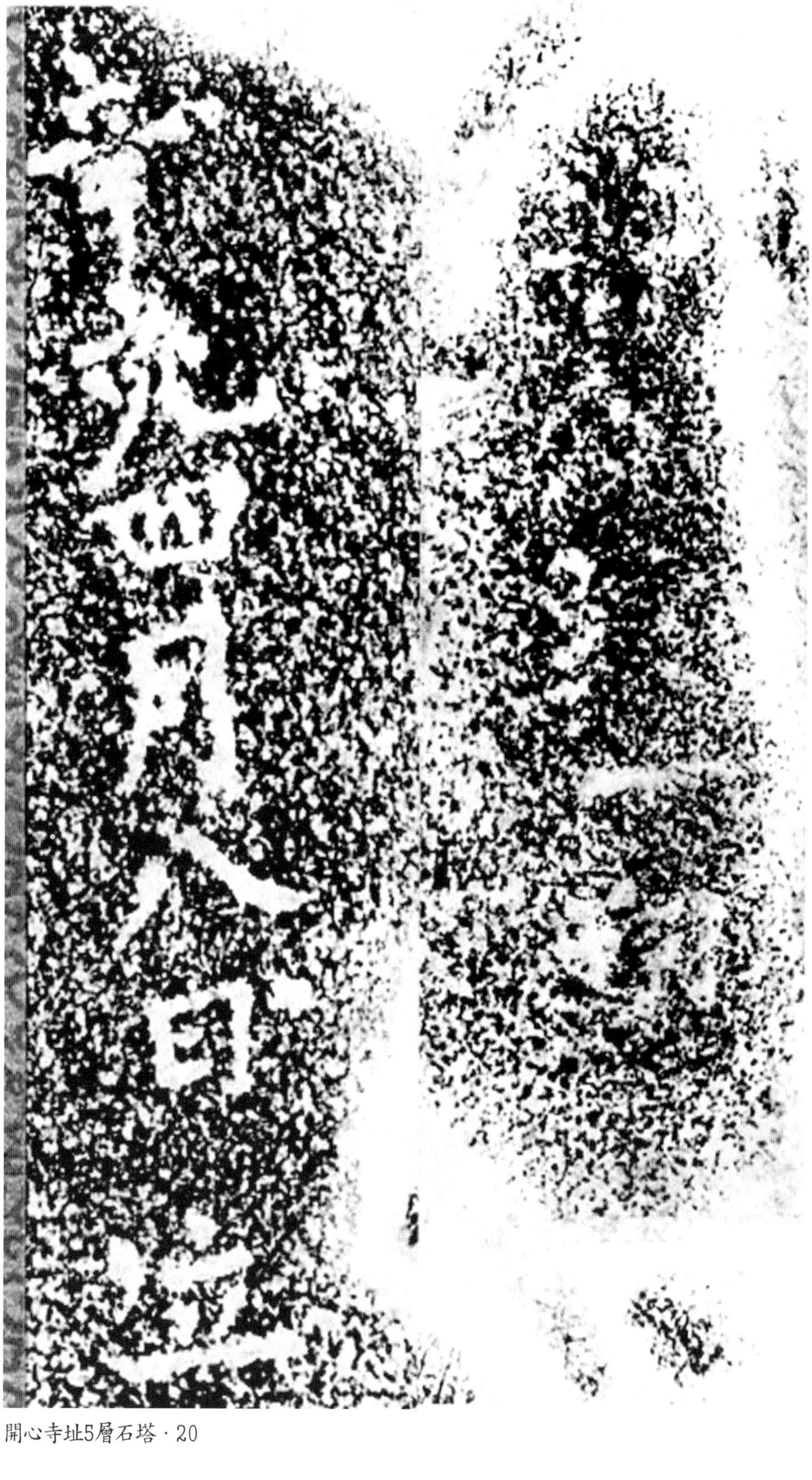

開心寺址5層石塔 · 20

九、師子頻迅寺址石塔

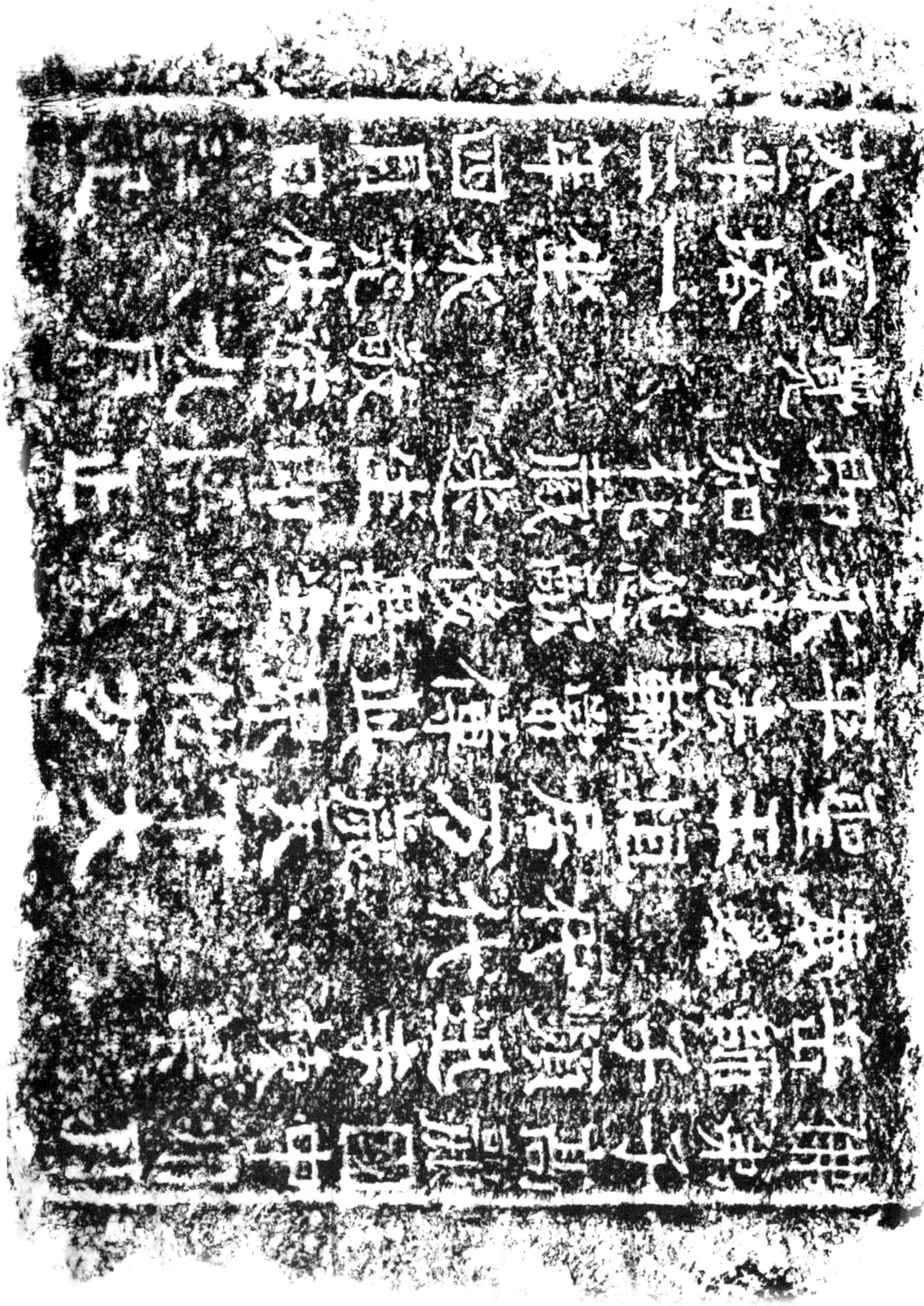

師子頻迅寺址石塔 · 1

師子頻迅寺址石塔 · 2

師子頻迅寺址石塔 · 3

師子頻迅寺址石塔 · 4

十、辛亥銘迴眞寺鍾

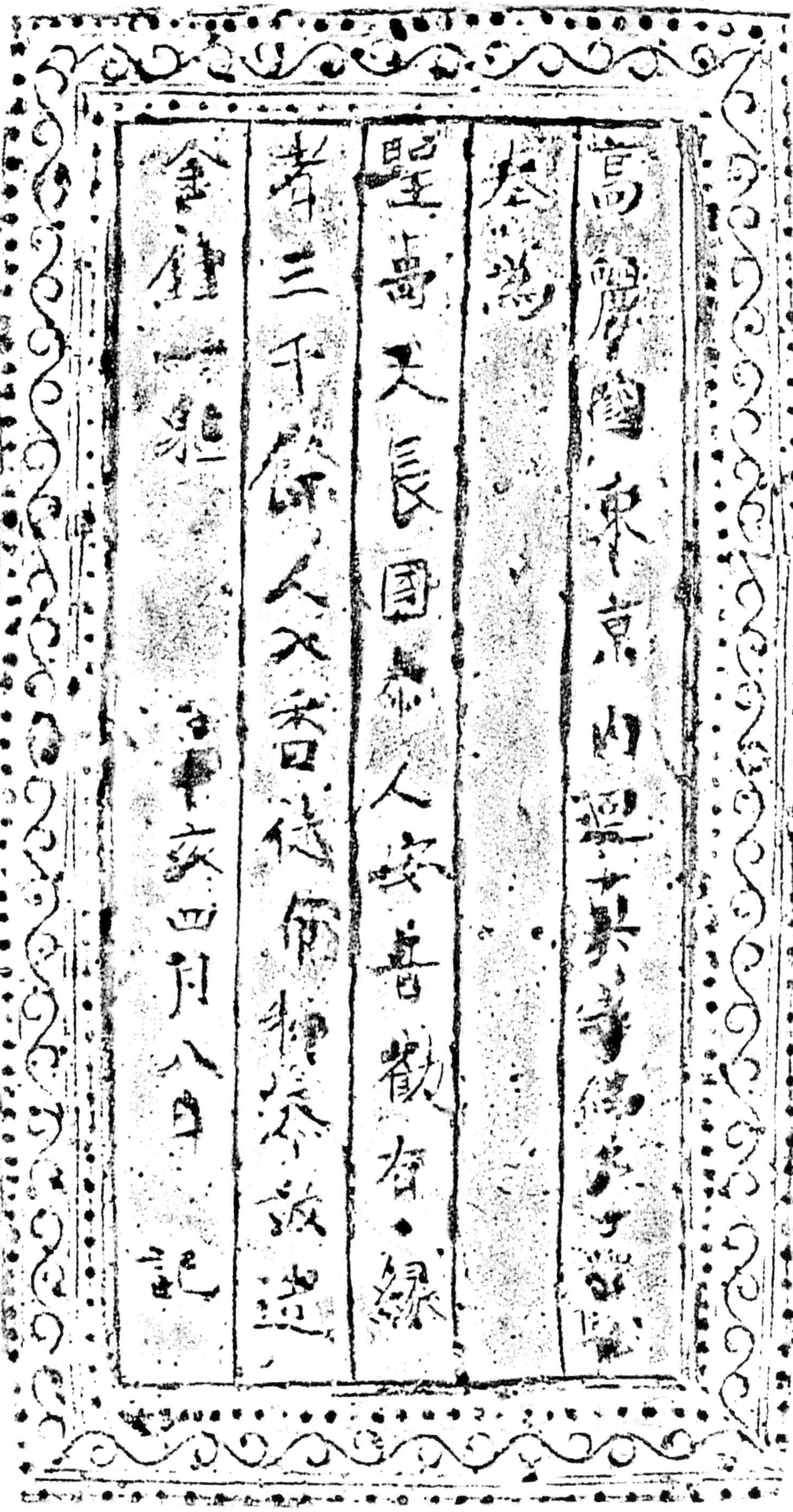

辛亥銘迴眞寺鍾·1

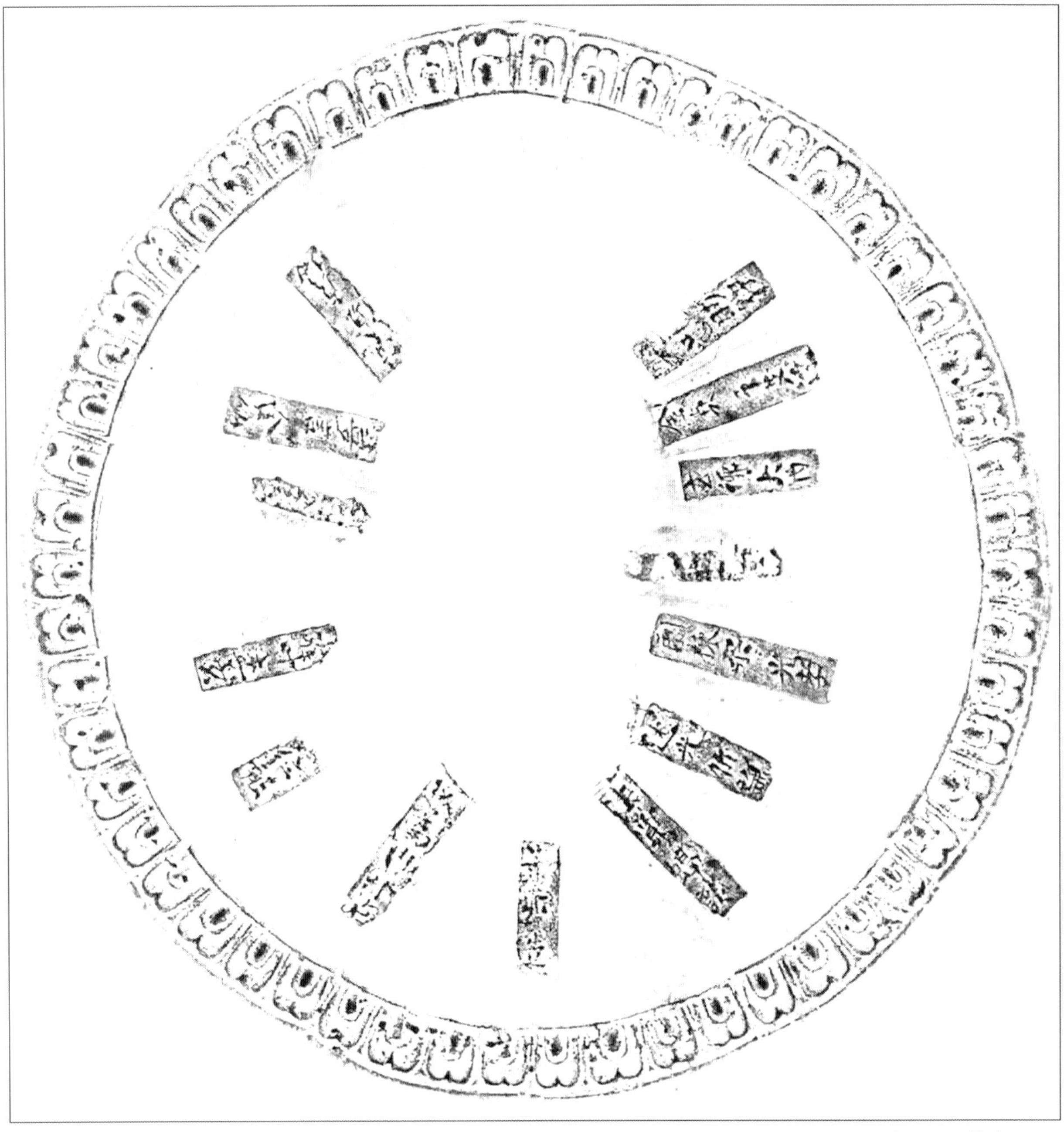

辛亥銘迴眞寺鍾 · 2

辛亥銘迴眞寺鍾 · 3

十一、通度寺孫仍川國長生石標

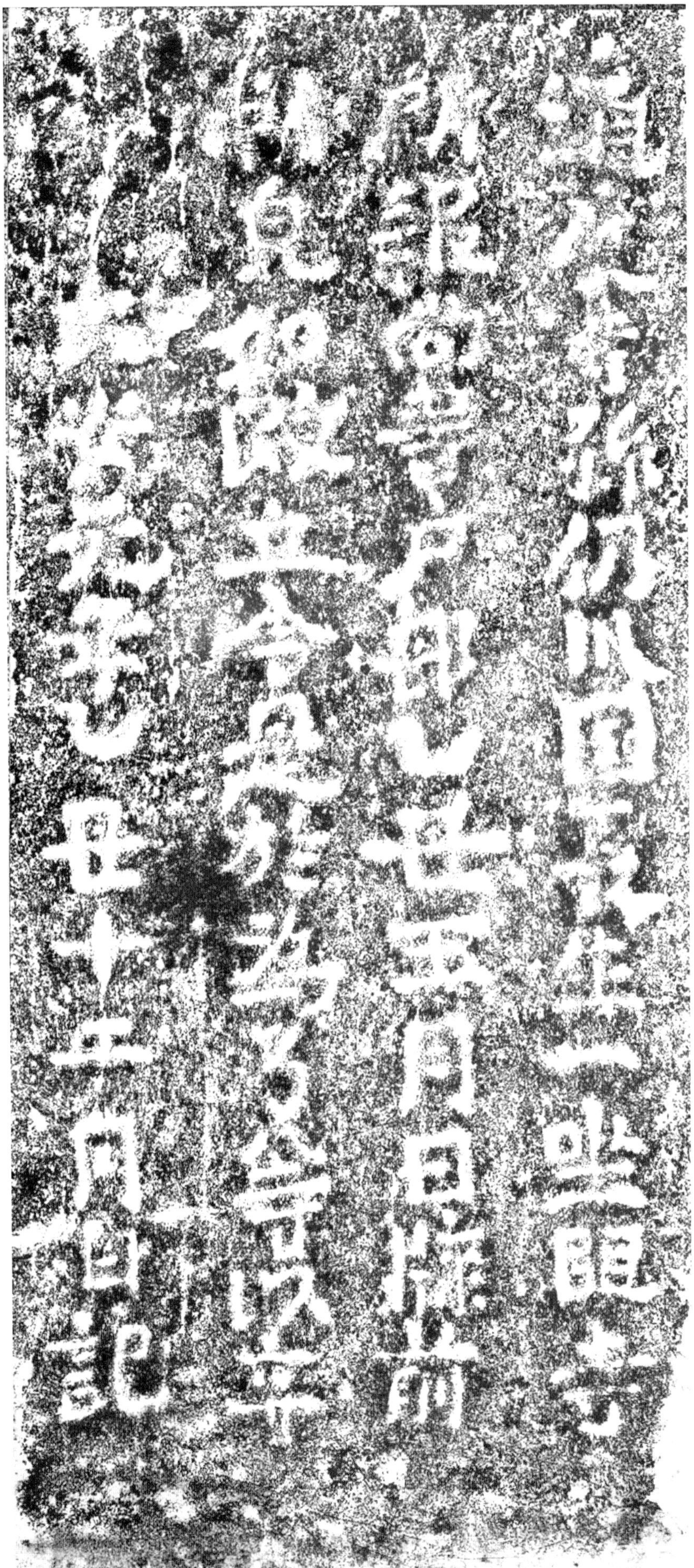

通度寺孫仍川國長生石標 · 1

原本 크기의 60%

通度寺孫仍川國長生石標 · 2

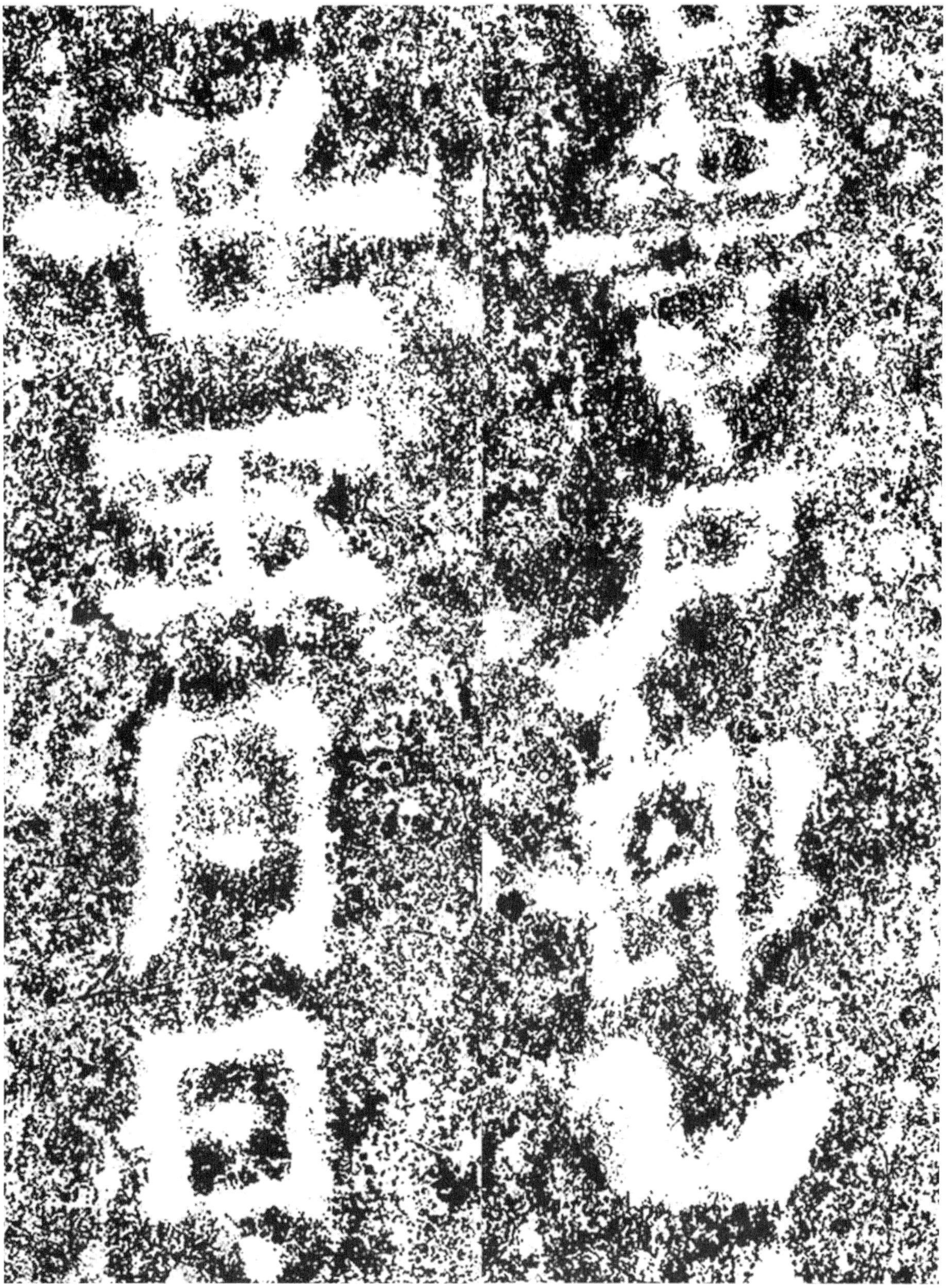

通度寺孫仍川國長生石標 · 3

通度寺孫仍川國長生石標·4

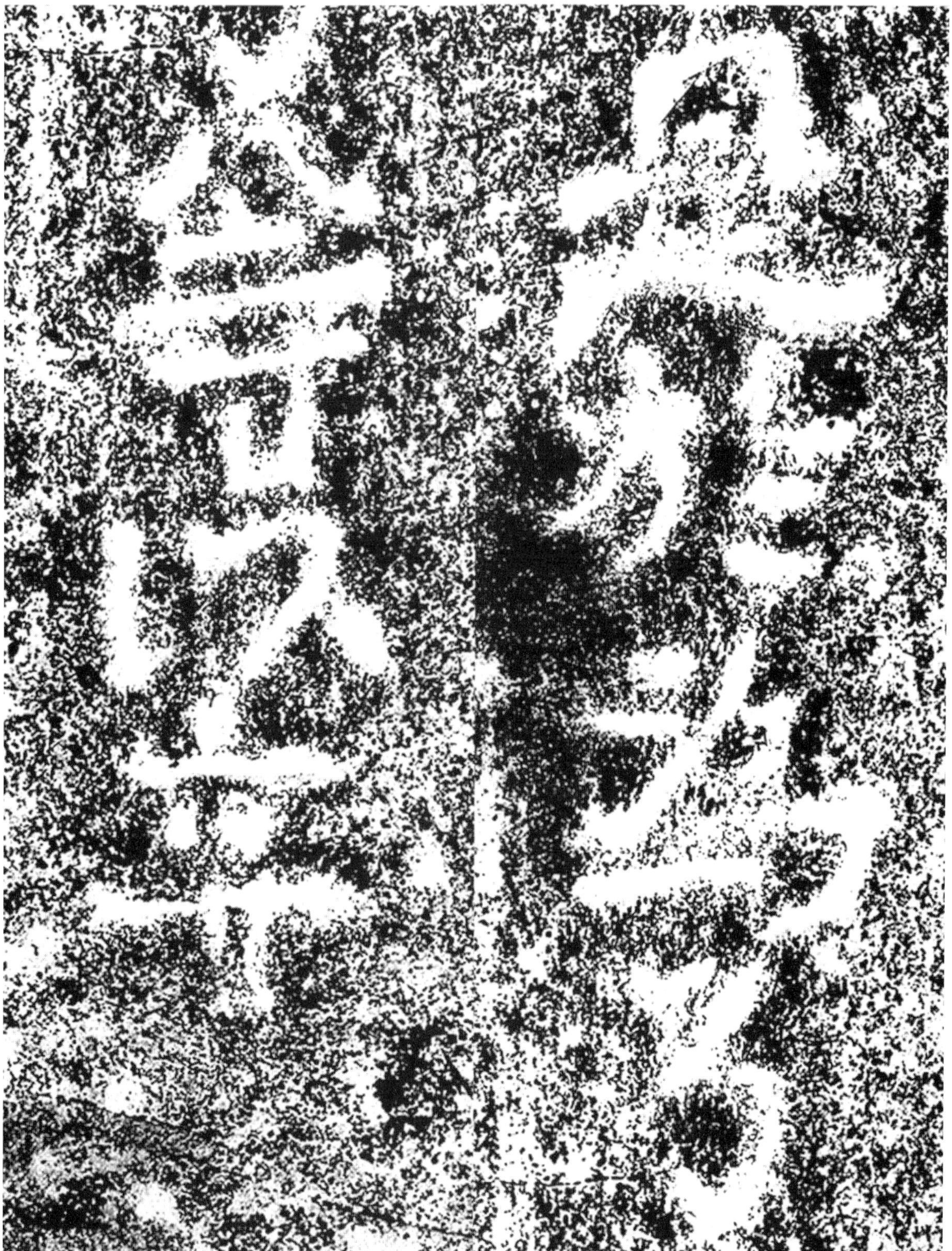

通度寺孫仍川國長生石標 · 5

通度寺孫仍川國長生石標 · 6

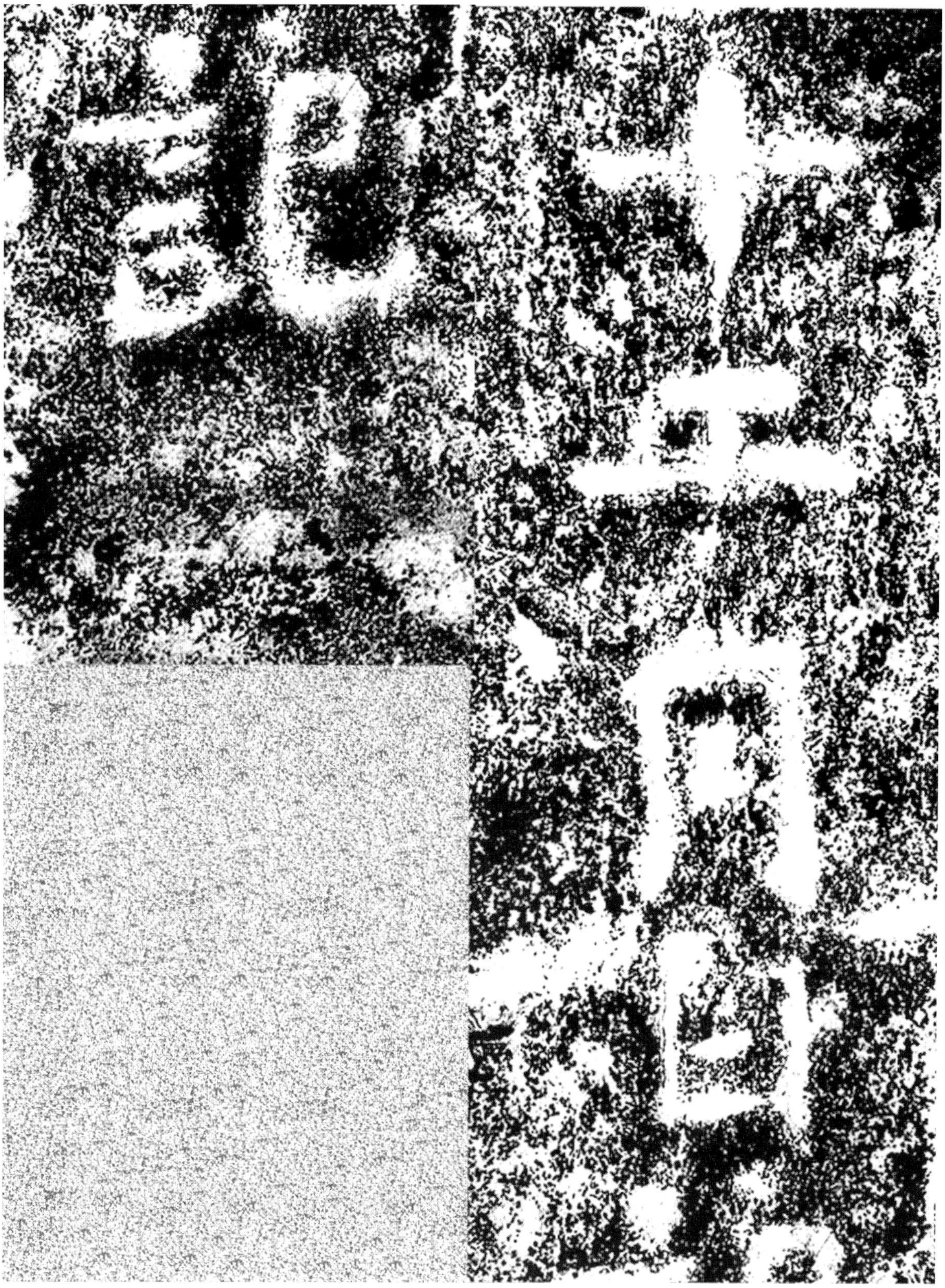

通度寺孫仍川國長生石標 · 7

十二、大安元年銘黃利縣半子

大安元年銘黃利縣半子 · 1

大安元年銘黃利縣半子 · 2

大安元年銘黃利縣半子 · 3

十三、太安2年銘長生寺金鐘

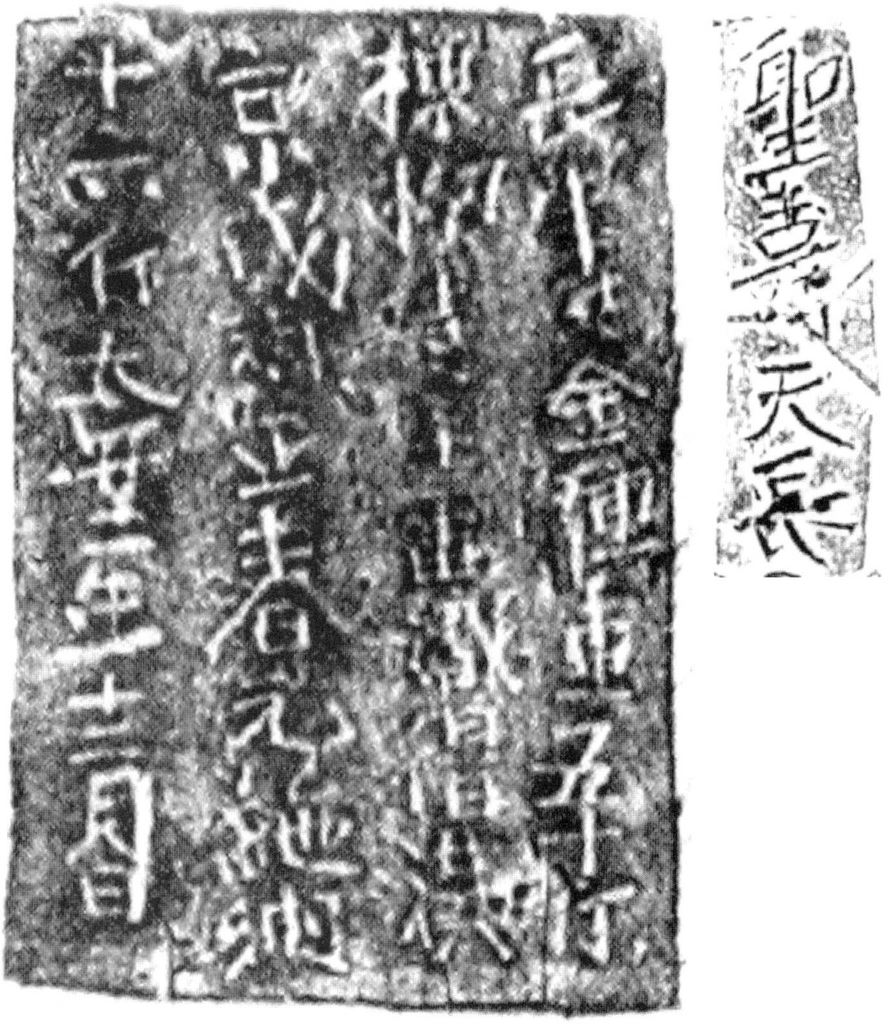

太安2年銘長生寺金鐘 · 1

十四、德山寺禁口

原本 크기의 75%

德山寺禁口 · 1

德山寺禁口·2

十五、大定18年銘金山寺青銅銀入絲香琓臺座

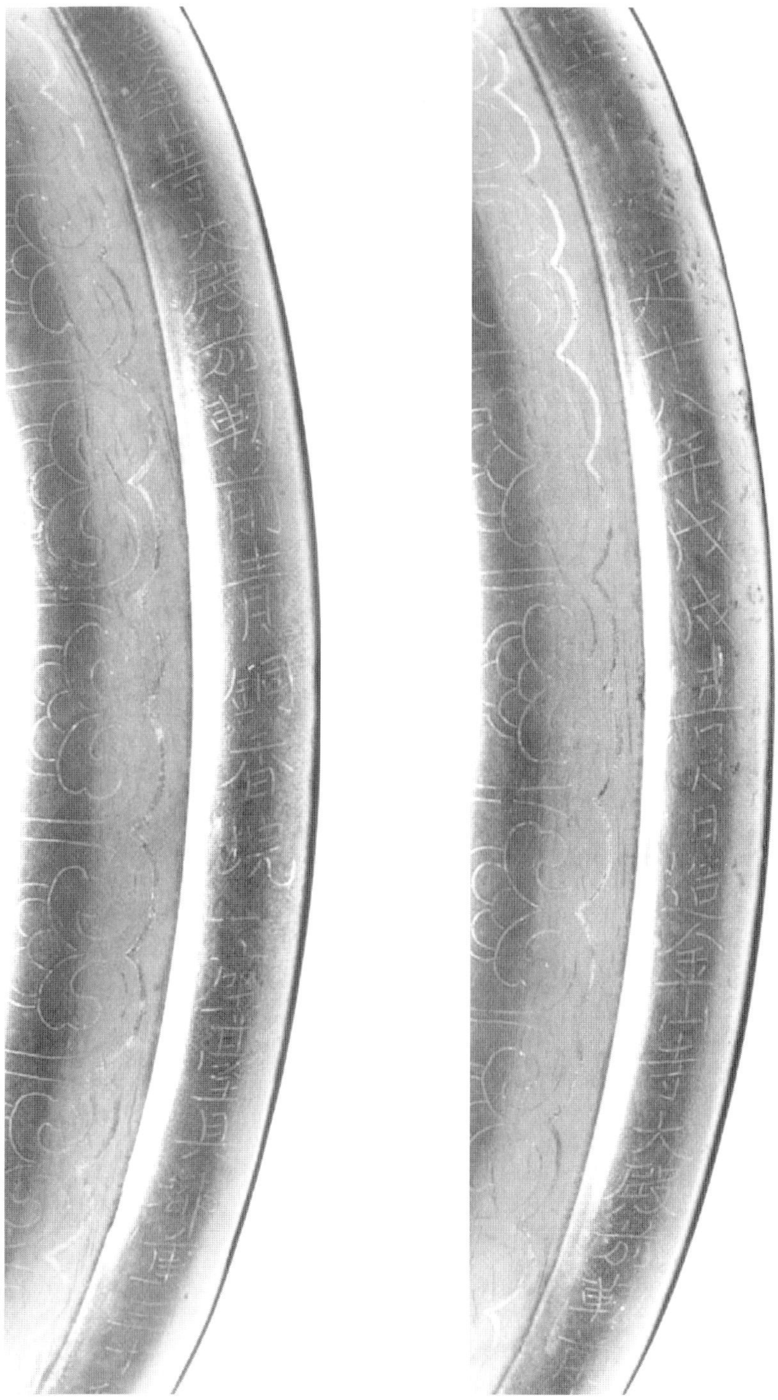

大定18年銘金山寺青銅銀入絲香琓臺座·1

大定18年銘金山寺青銅銀入絲香琓臺座 · 2

大定18年銘金山寺靑銅銀入絲香垸臺座 · 3

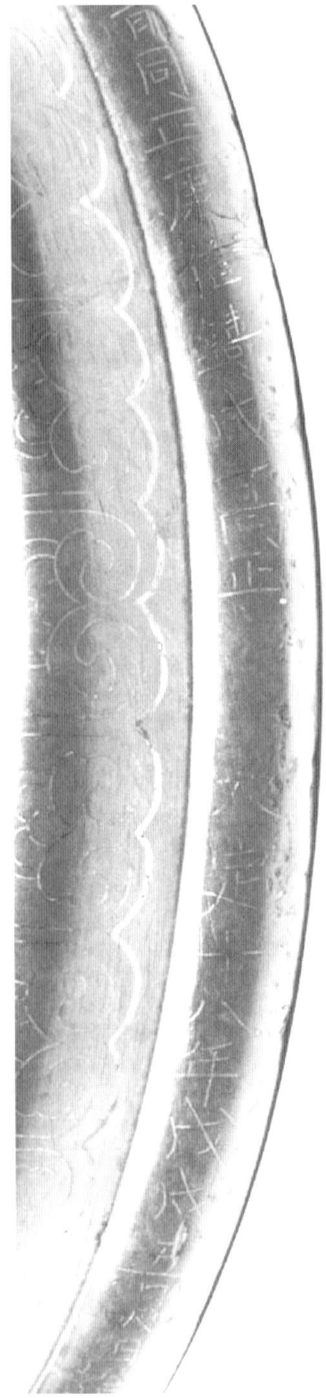

大定18年銘金山寺青銅銀入絲香垸臺座 · 4

十六、大定19年銘禁口

大定19年銘飯子·1

原本 크기의 85%

大定19年銘飯子·2

大定19年銘飯子・3

十七、大定19年銘飯子

大定19年銘飯子·1

大定19年銘飯子 · 2

十八、大定20年銘青銅磬子

大定20年銘青銅磬子·1

大定20年銘青銅磬子 · 2

大定20年銘青銅磬子 · 3

大定20年銘青銅磬子 · 4

十九、彌勒院鉢子

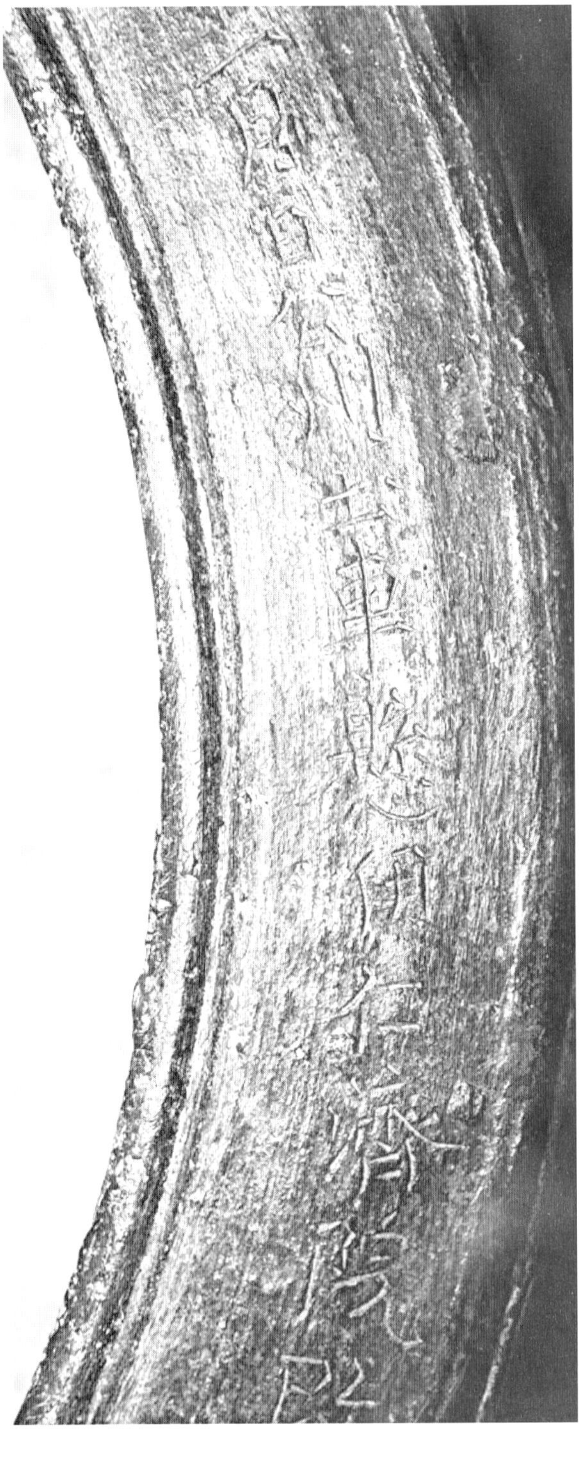

彌勒院鉡子大定 · 1

彌勒院鉾子大定·2

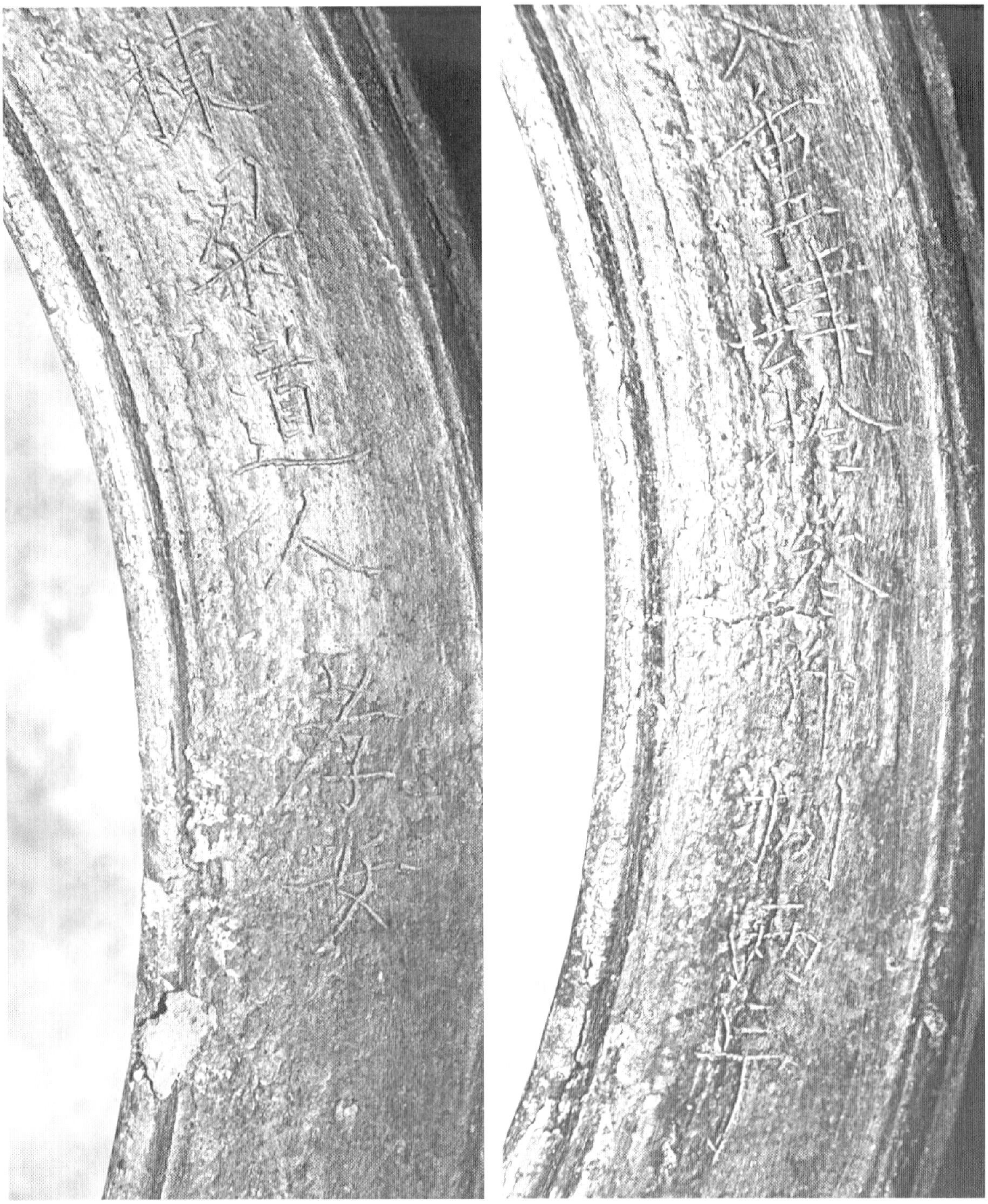

彌勒院鈝子大定·3

二十、泰和2年銘半子

泰和2年銘半子 · 1

泰和2年銘半子・2

泰和2年銘半子 · 3

泰和2年銘半子 · 4

二一、泰和7年銘資福寺鉡子

泰和7年銘資福寺鉢子 · 1

泰和7年銘資福寺鉡子 · 2

二二、鳳安寺鐘

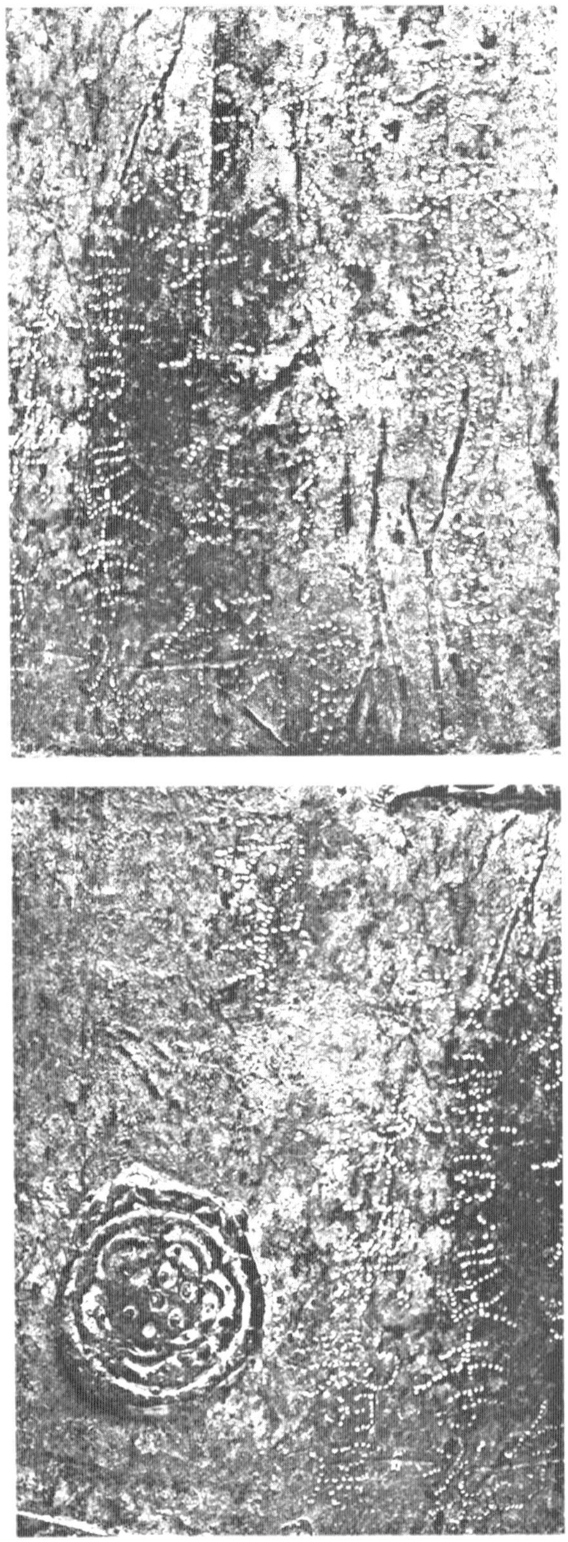

鳳安寺鐘·1

鳳安寺鐘 · 2

二三、貞祐5年銘奉業寺盤子

貞祐5年銘奉業寺盤子 · 1

原本 크기의 60%

貞祐5年銘奉業寺盤子 · 2

二四、青林寺鐘

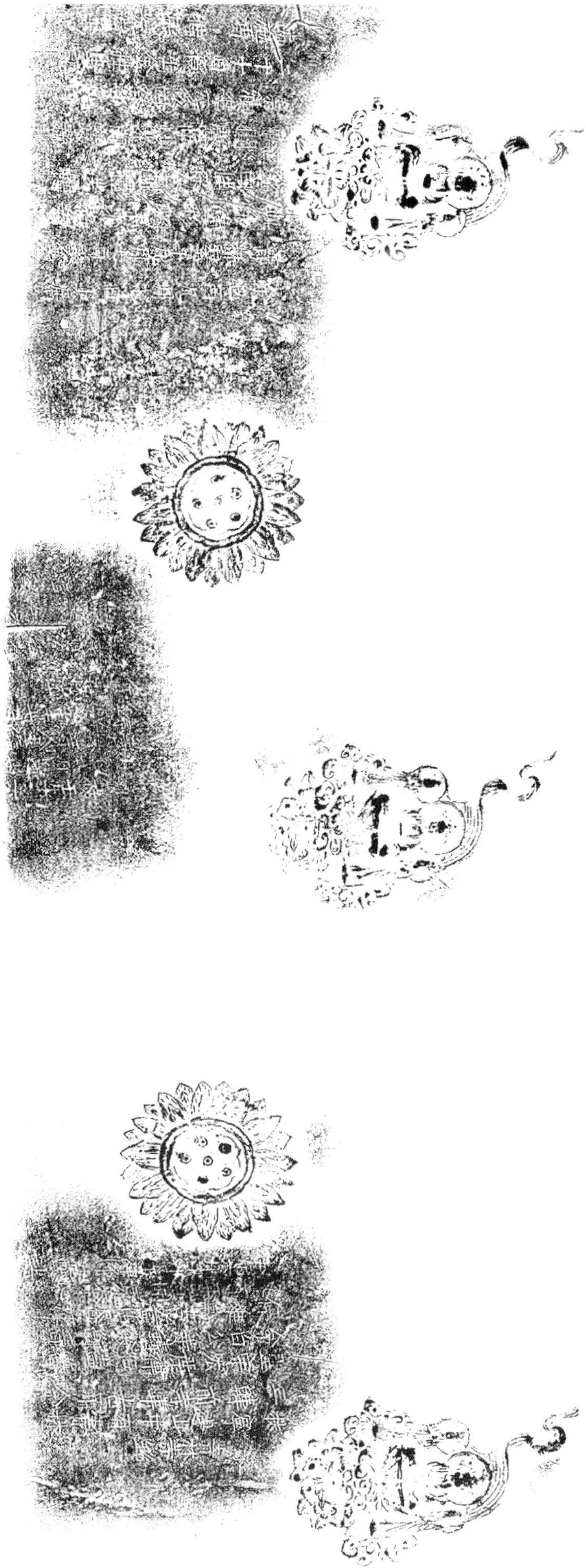

(1)

青林寺鐘 · 1

(2)

青林寺鐘 · 2

(3)

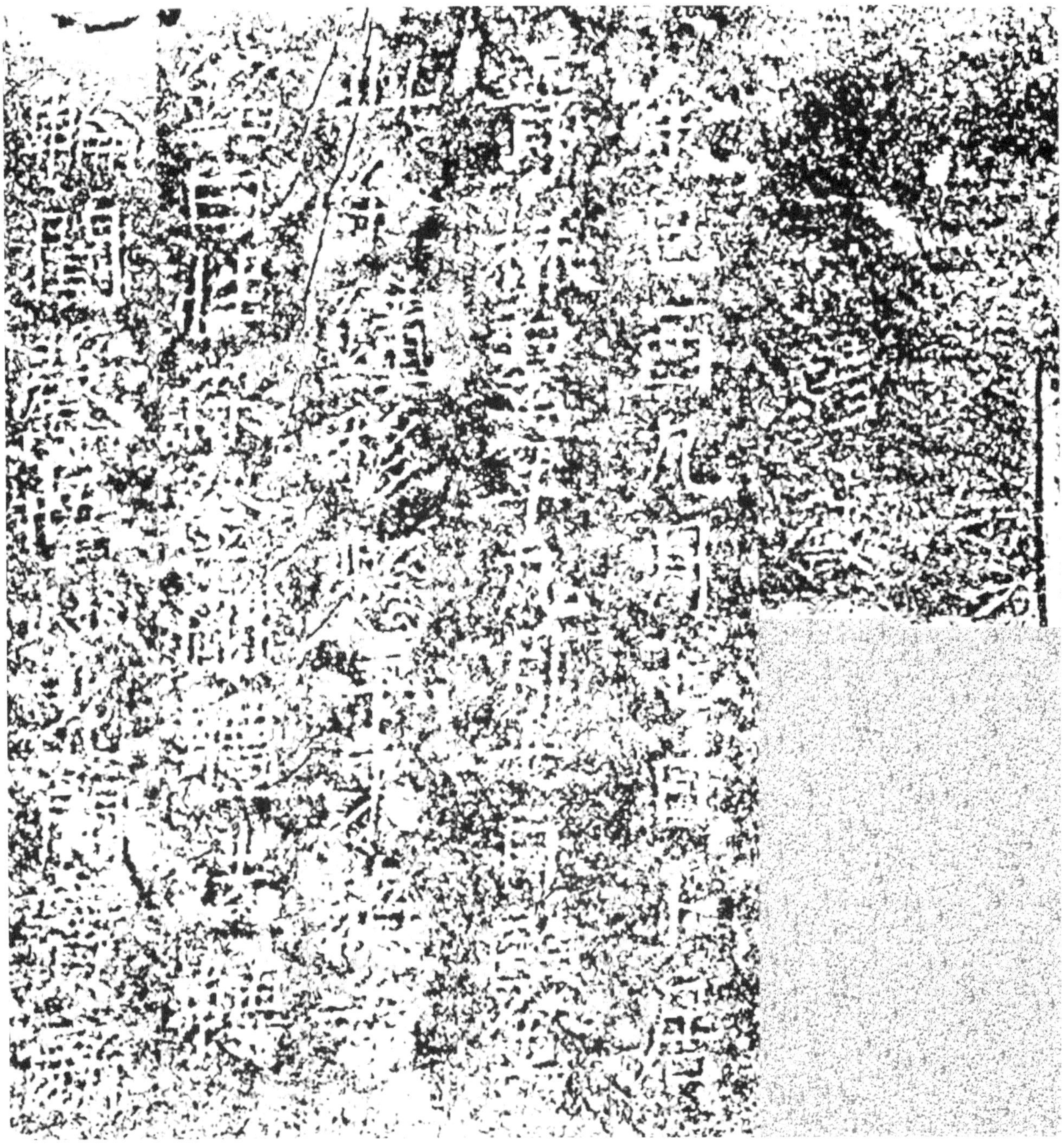

青林寺鐘 · 3

青林寺鐘 · 4

二五、利義寺飯子

利義寺飯子 · 1

原本 크기의 45%

二六、塔山寺鐘

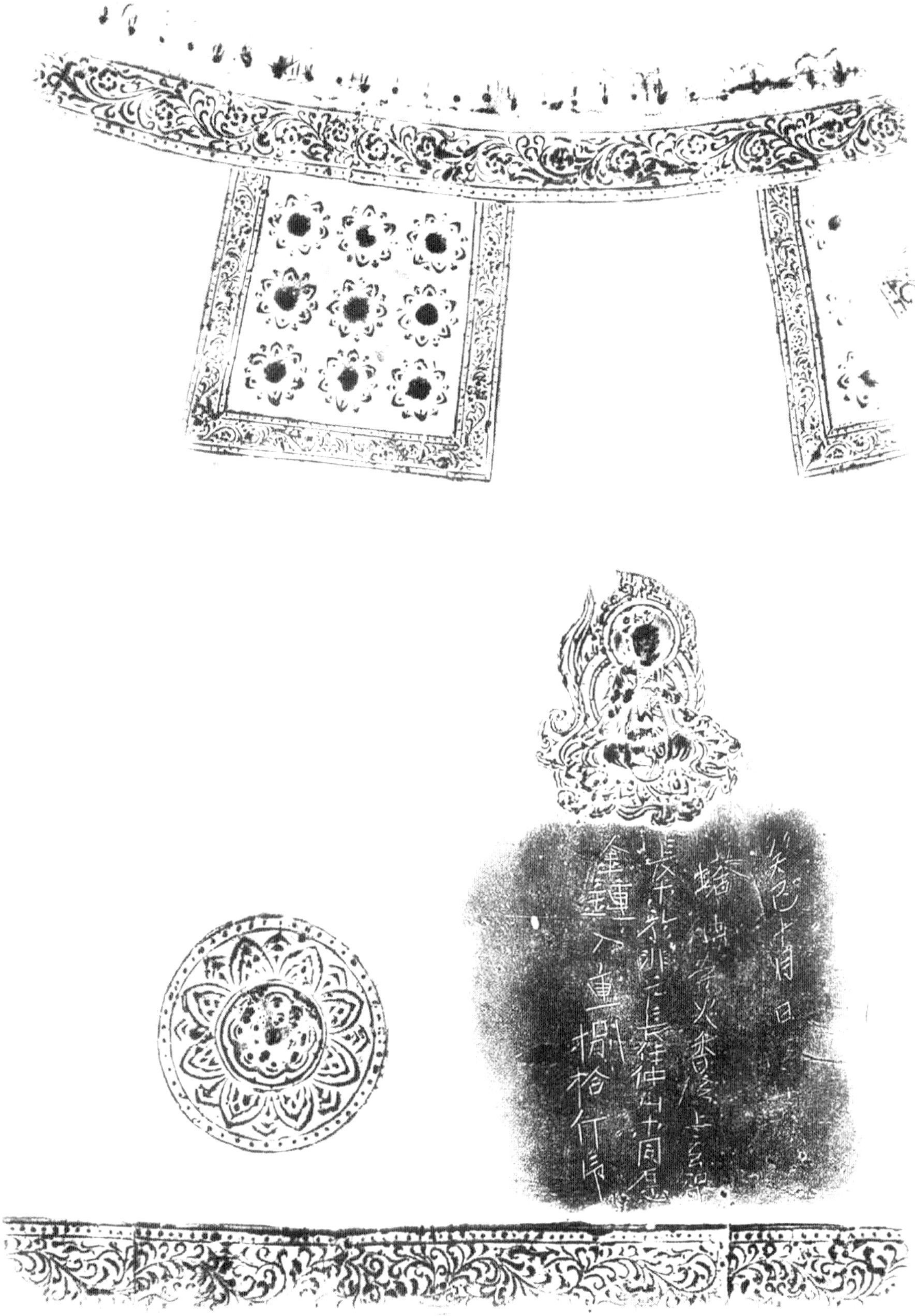

塔山寺鐘 · 1

二七、大德9年銘判子

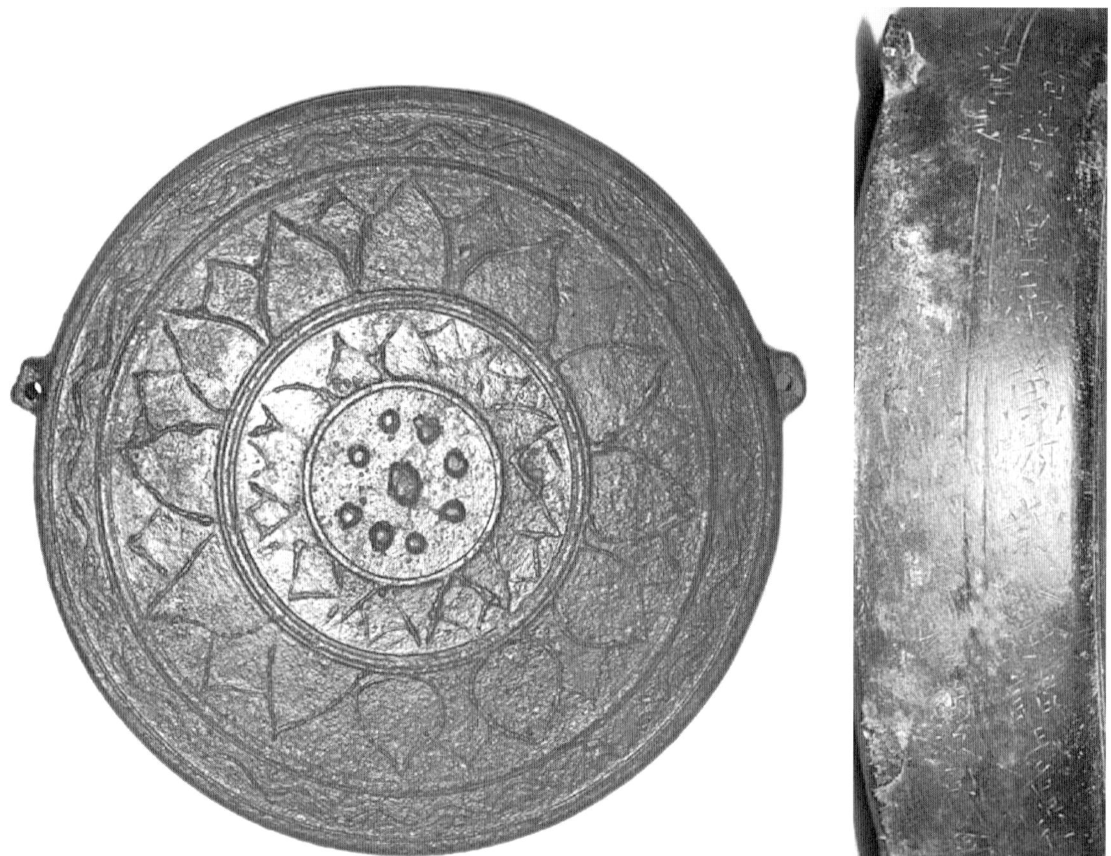

大德9年銘判子 · 1

原本 크기의 75%

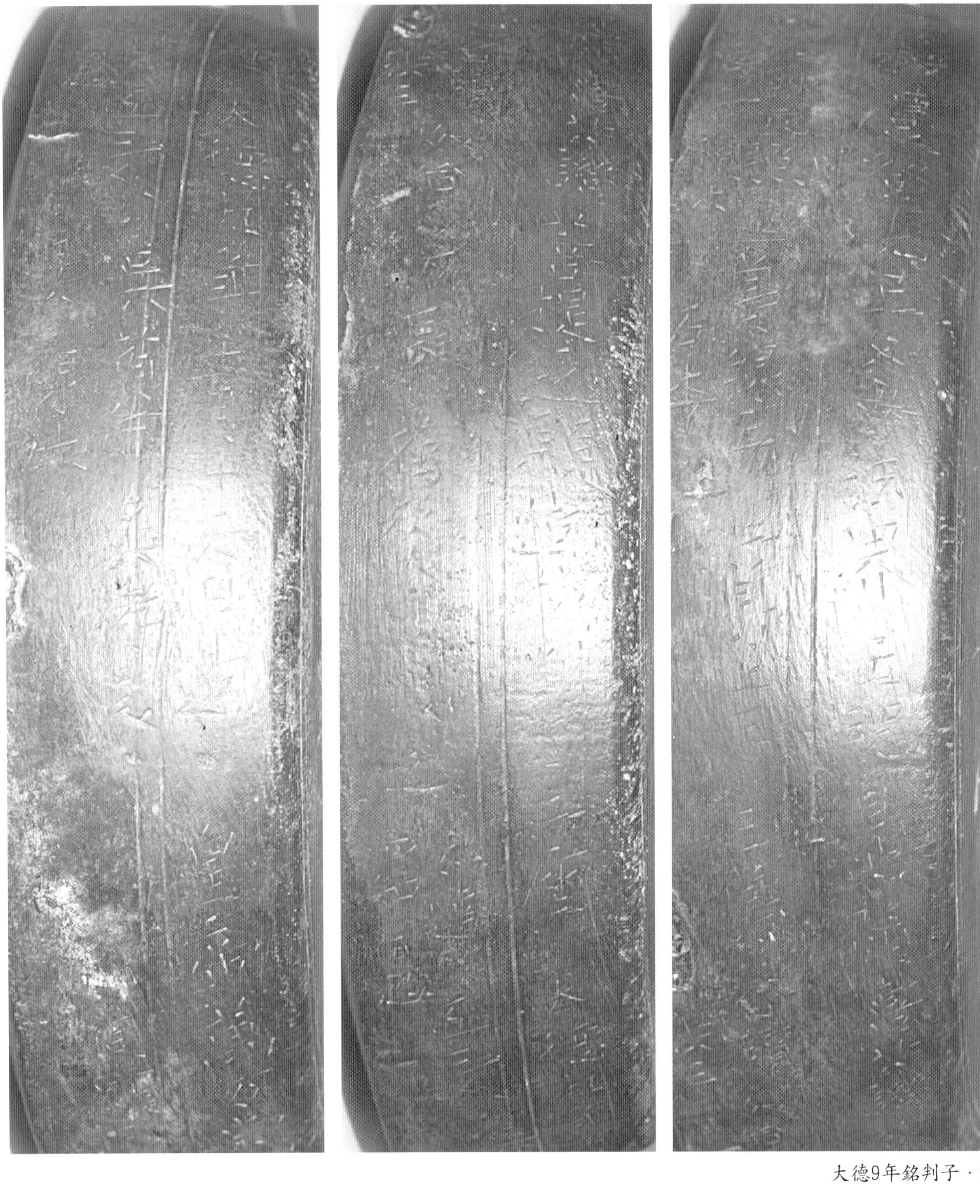

大德9年銘判子·2

二八、三日浦埋香碑

<三日浦埋香碑 前面>

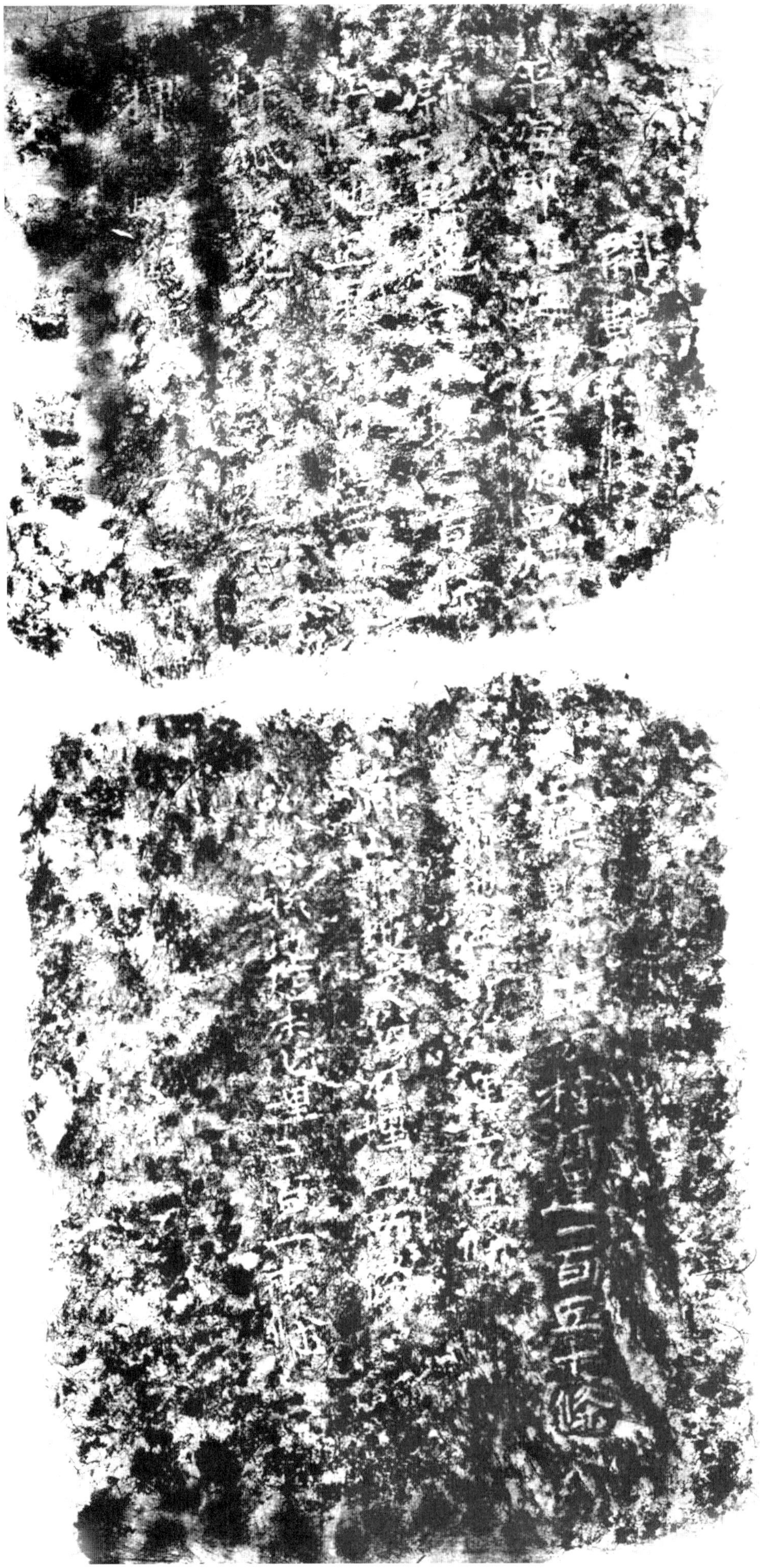

<三日浦埋香碑 碑陰>

三日浦埋香碑 · 1

三日浦埋香碑 · 2

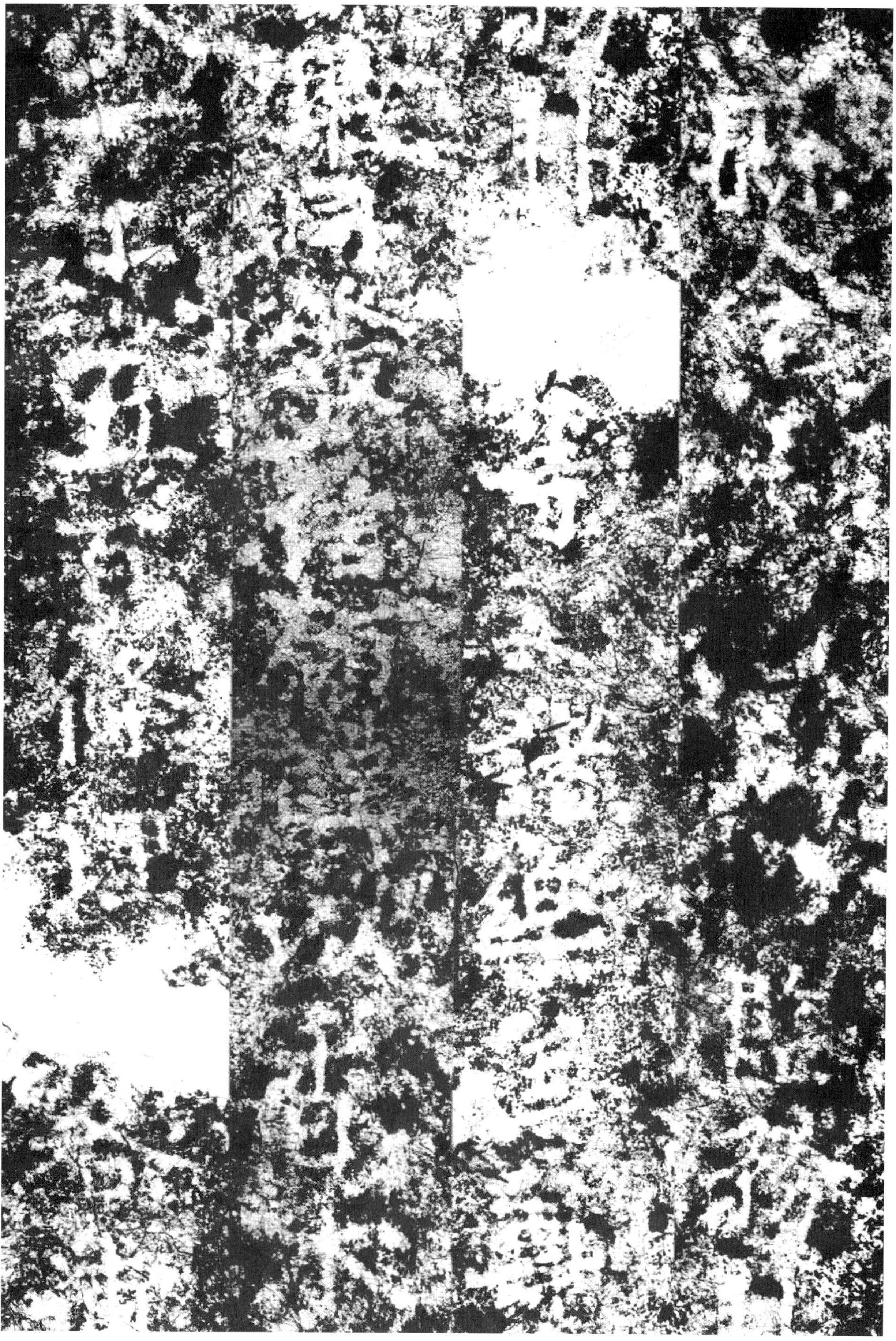

三日浦埋香碑 · 3

三日浦埋香碑 · 4

(碑陰)

三日浦埋香碑 · 5

三日浦埋香碑 · 6

三日浦埋香碑 · 7

三日浦埋香碑 · 8

二九、靈巖奄吉里岩刻埋香碑

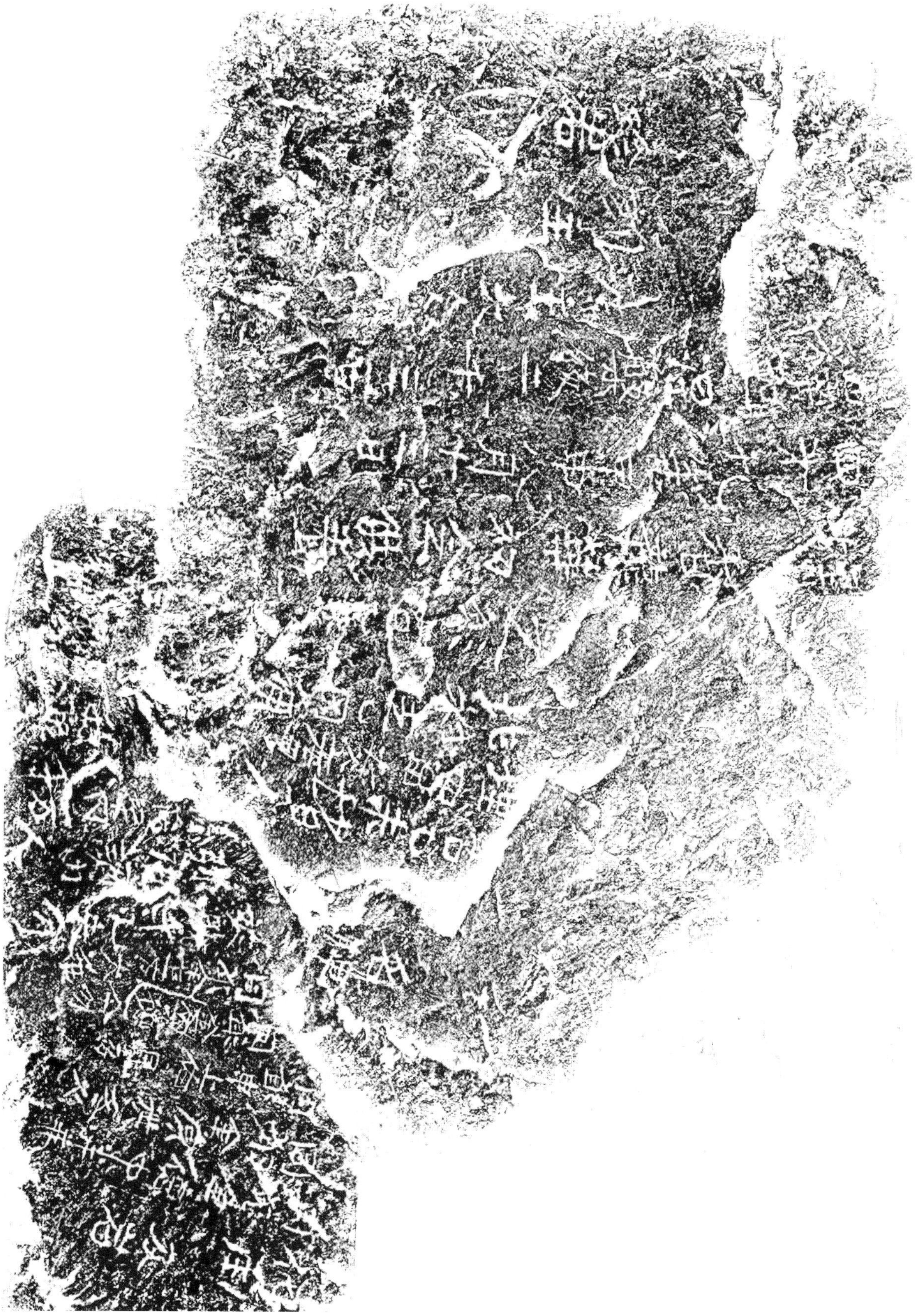

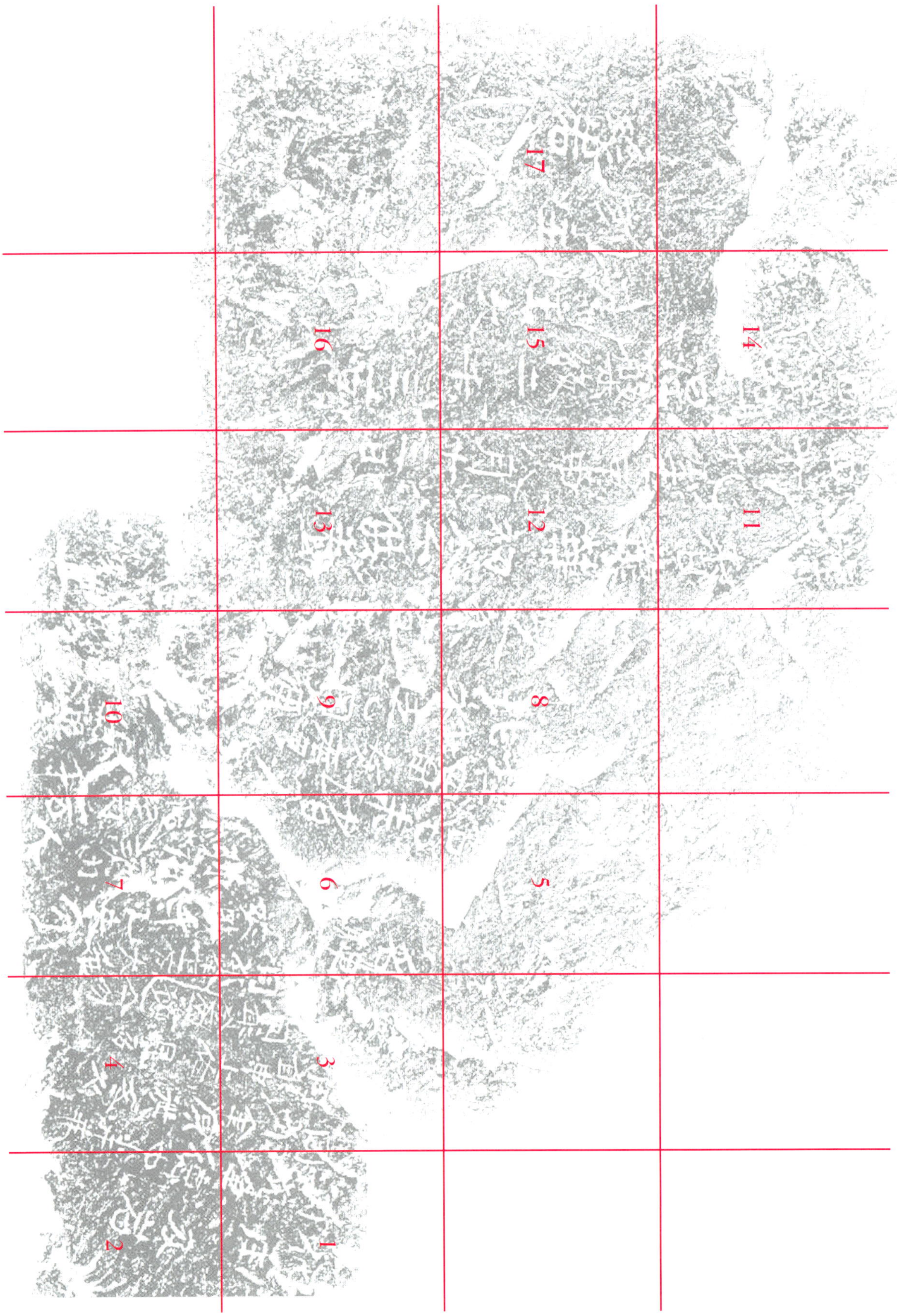

<靈巖奄吉里岩刻埋香碑 區劃>

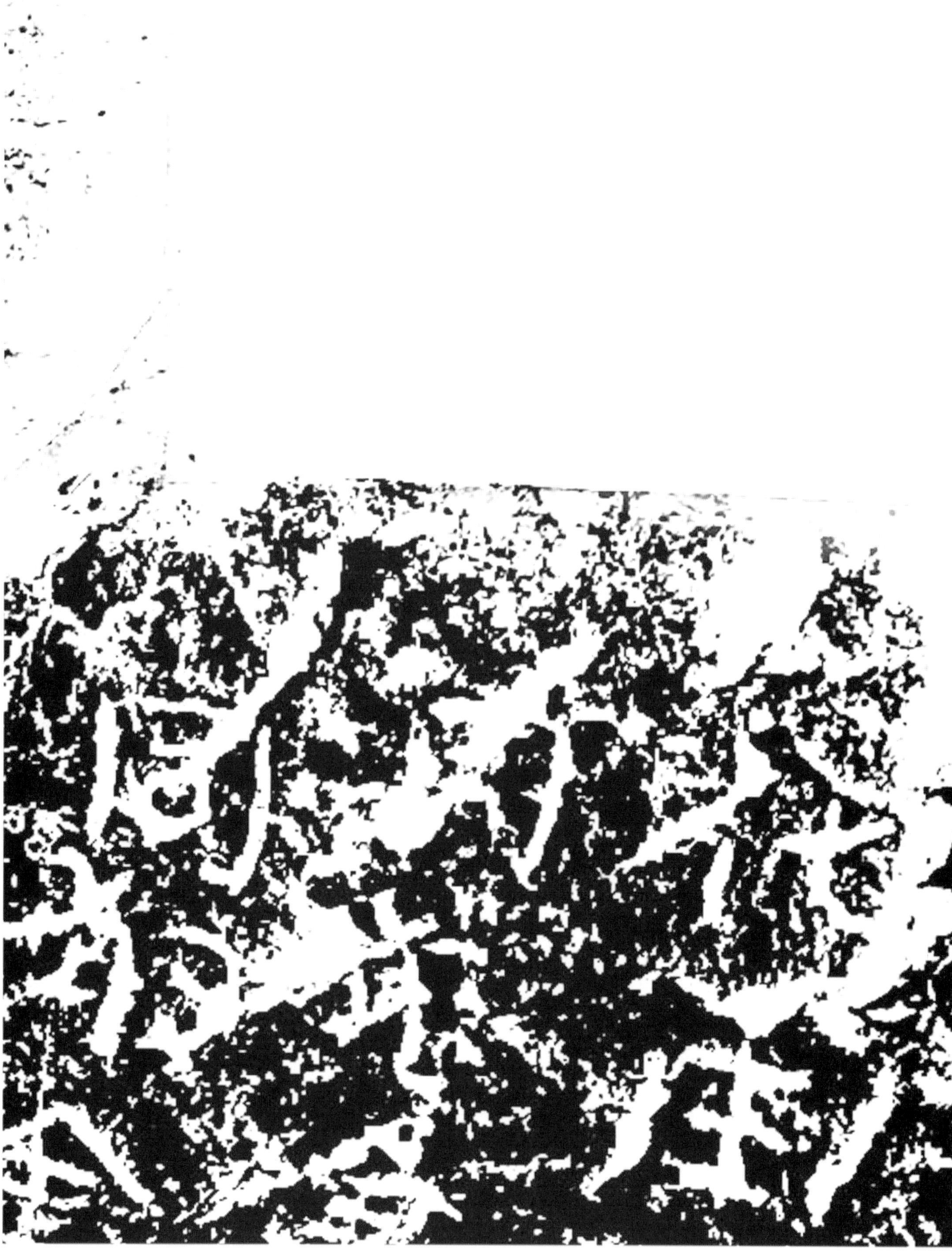

靈巖奄吉里岩刻埋香碑 · 1

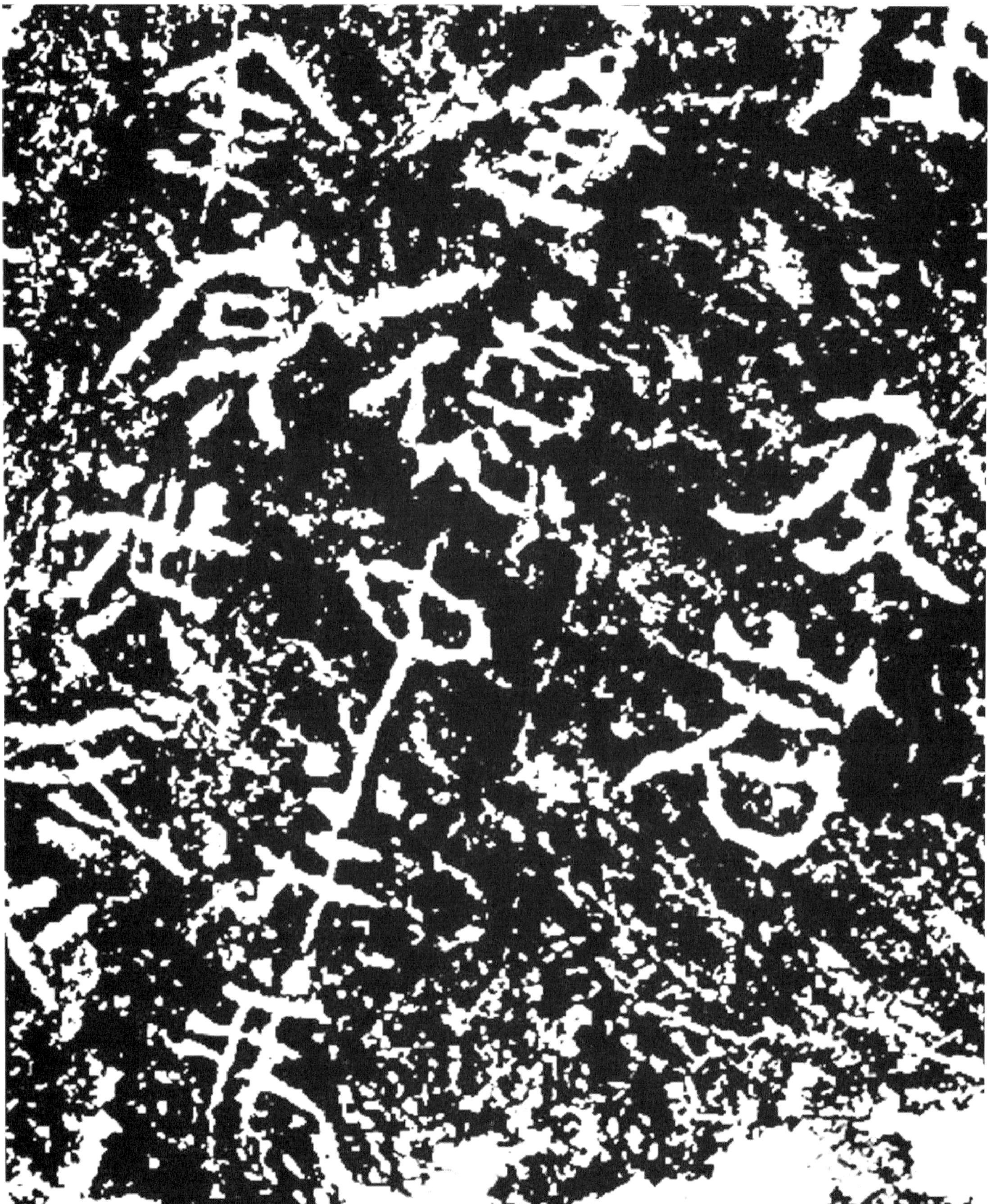

靈巖奄吉里岩刻埋香碑 · 2

靈巖奄吉里岩刻埋香碑 · 3

靈巖奄吉里岩刻埋香碑 · 4

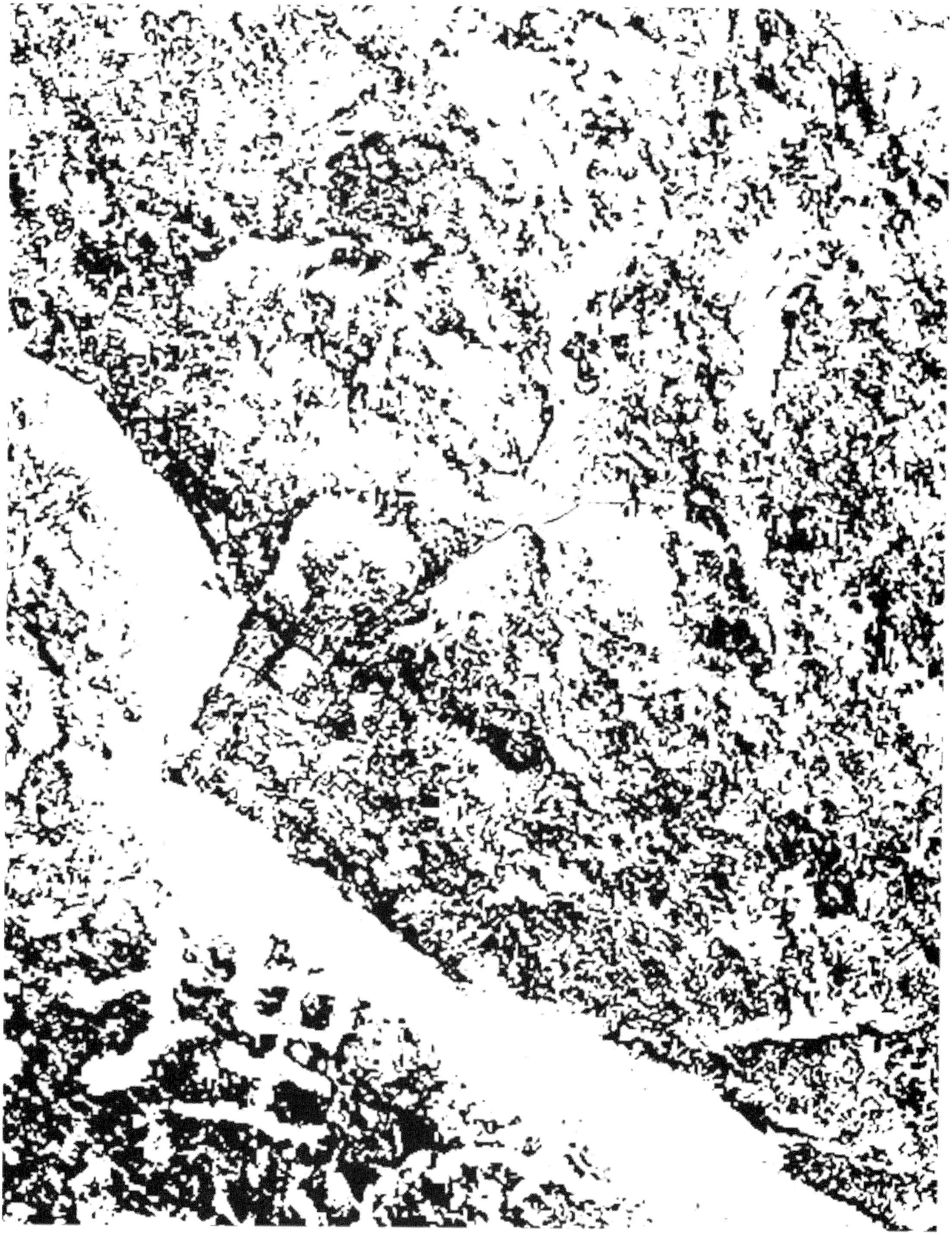

靈巖奄吉里岩刻埋香碑 · 5

靈巖奄吉里岩刻埋香碑 · 6

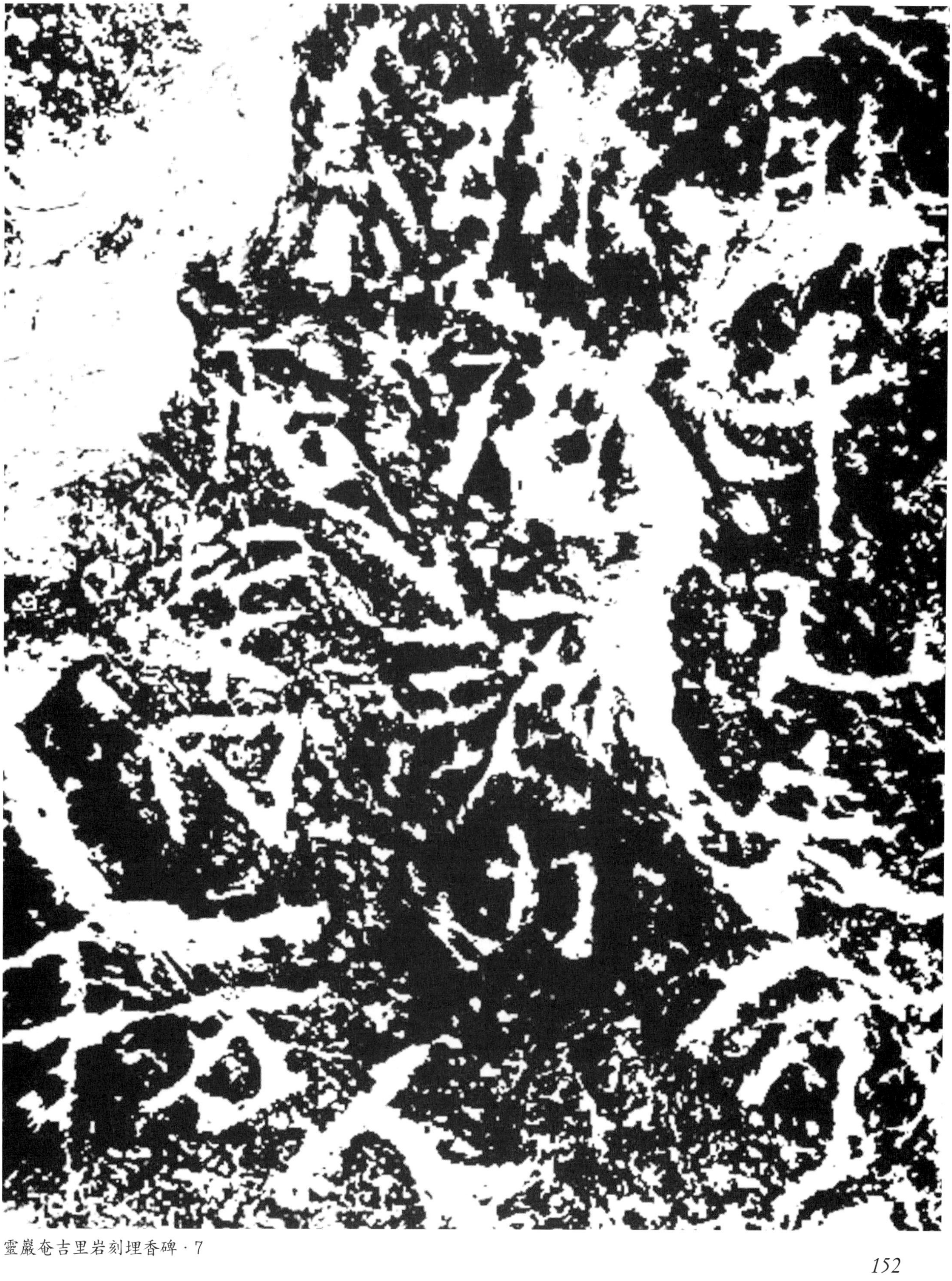

靈巖奄吉里岩刻埋香碑 · 7

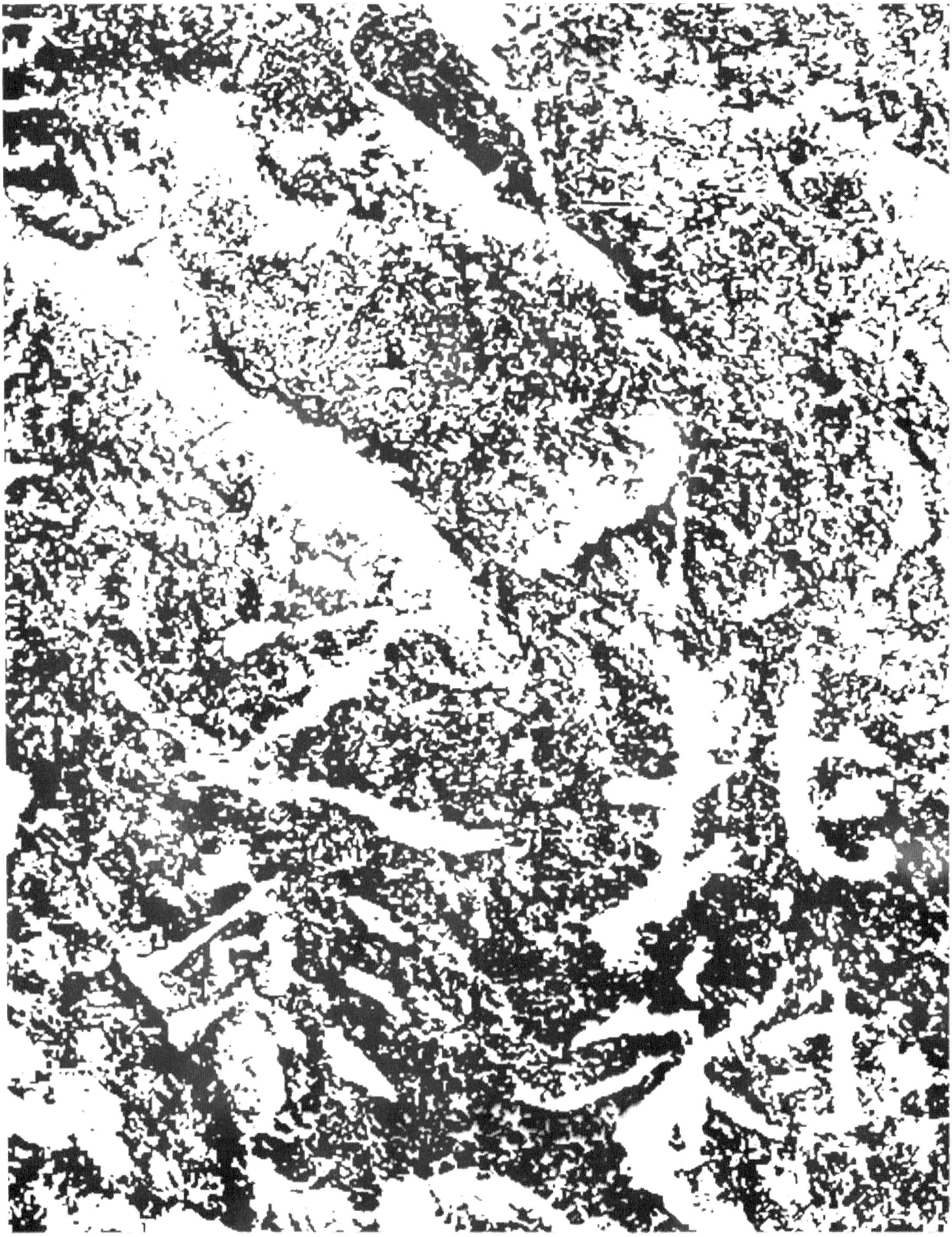

靈巖奄吉里岩刻埋香碑 · 8

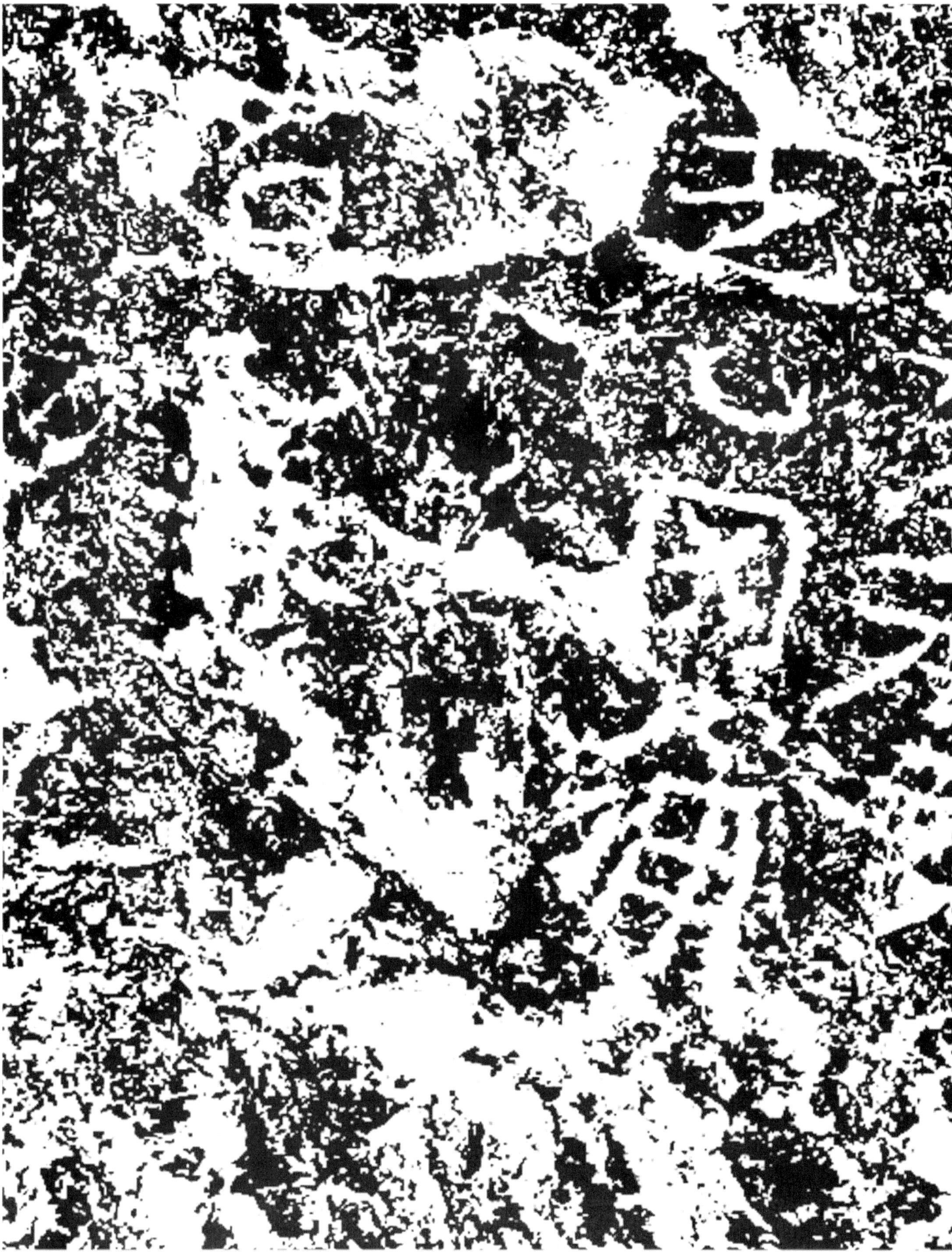

靈巖奄吉里岩刻埋香碑 · 9

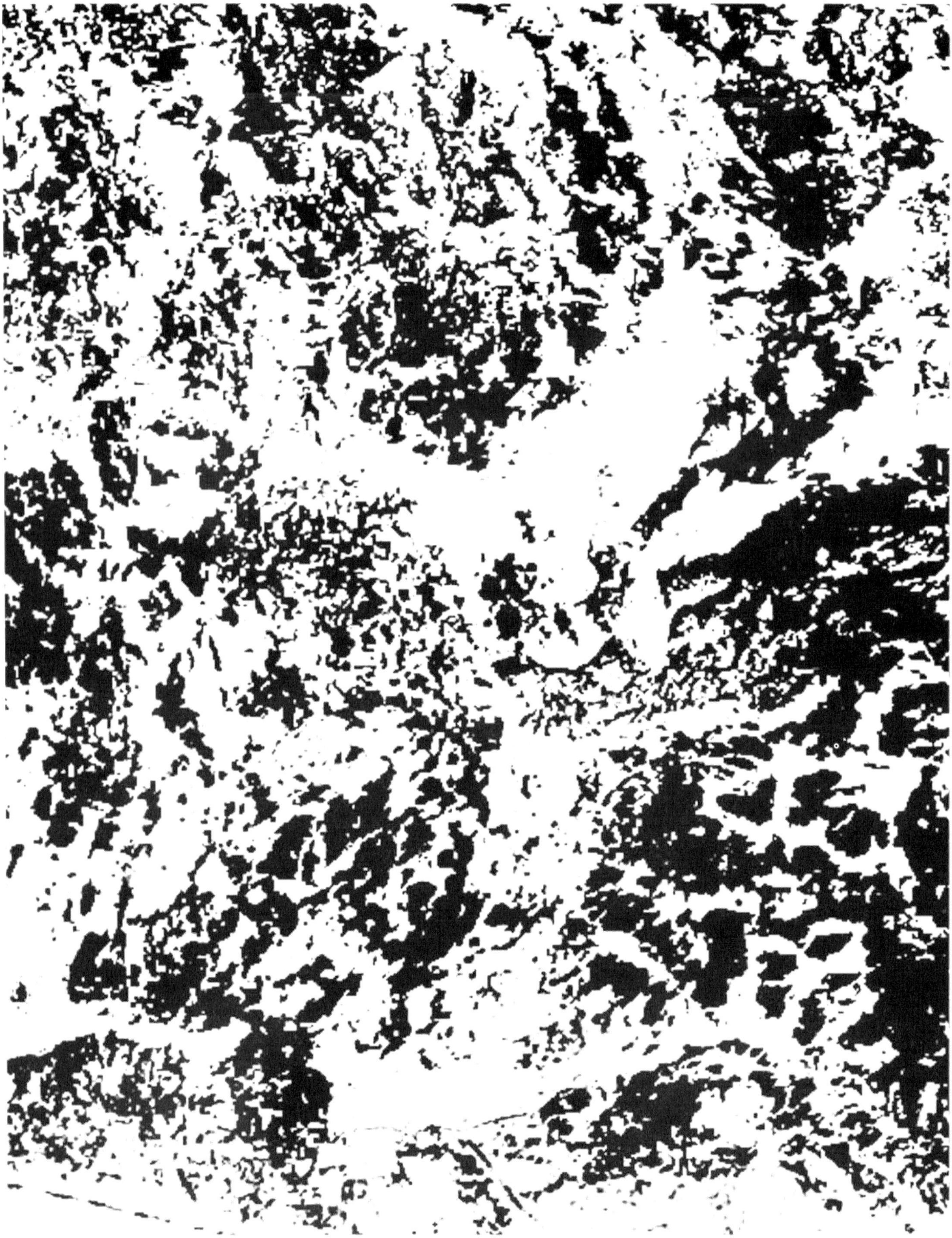

靈巖奄吉里岩刻埋香碑 · 10

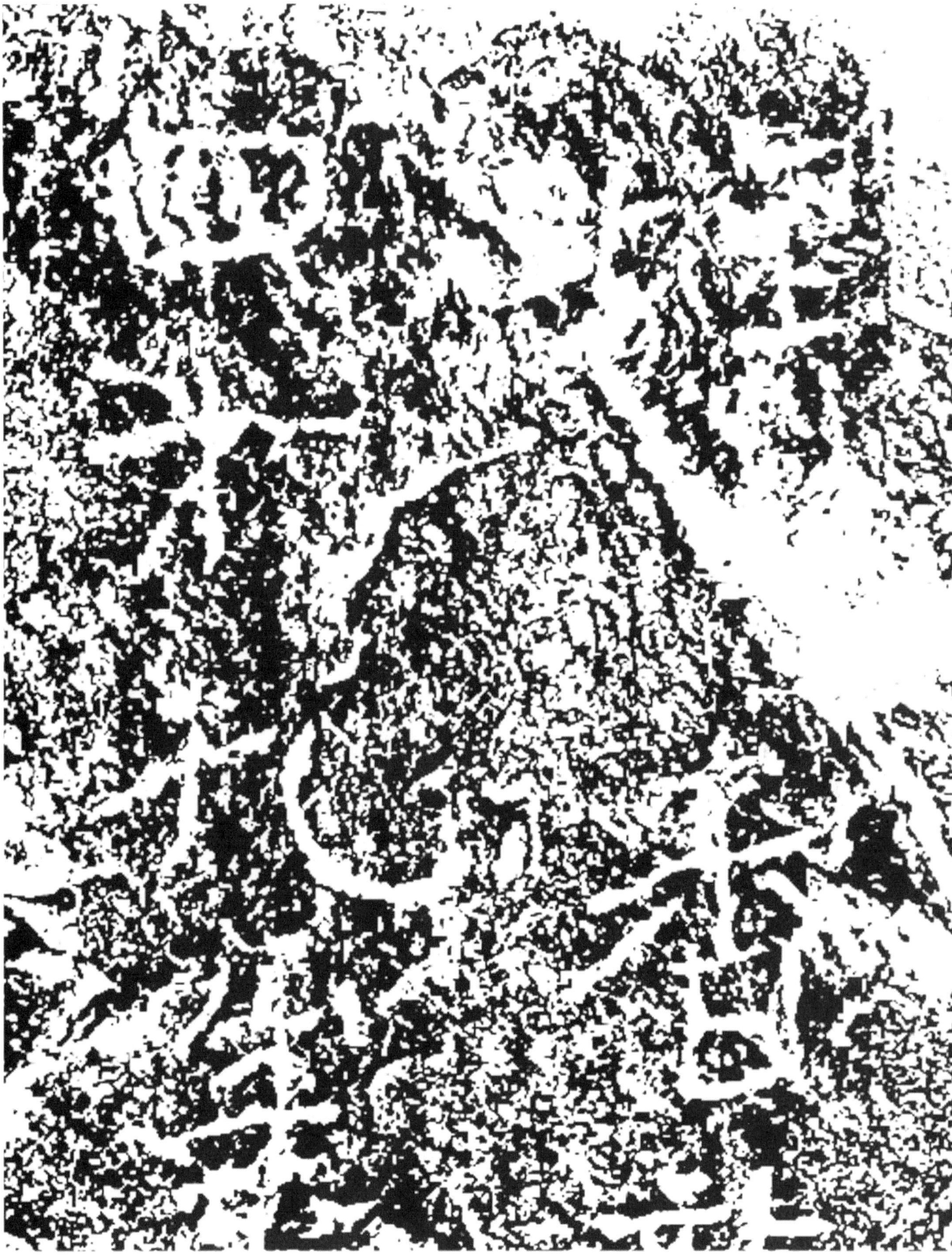

靈巖奄吉里岩刻埋香碑 · 11

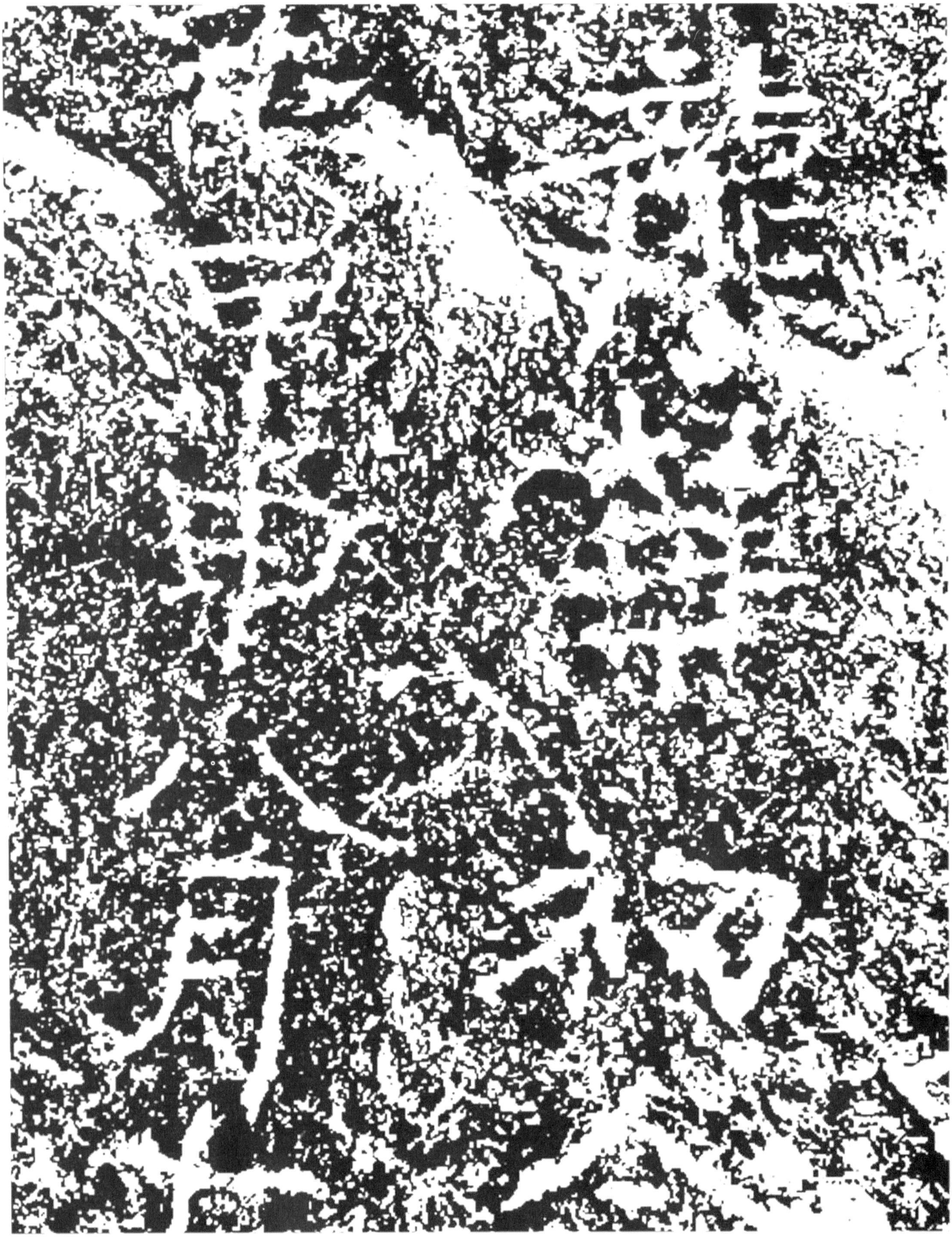

靈巖奄吉里岩刻埋香碑 · 12

靈巖奄吉里岩刻埋香碑 · 13

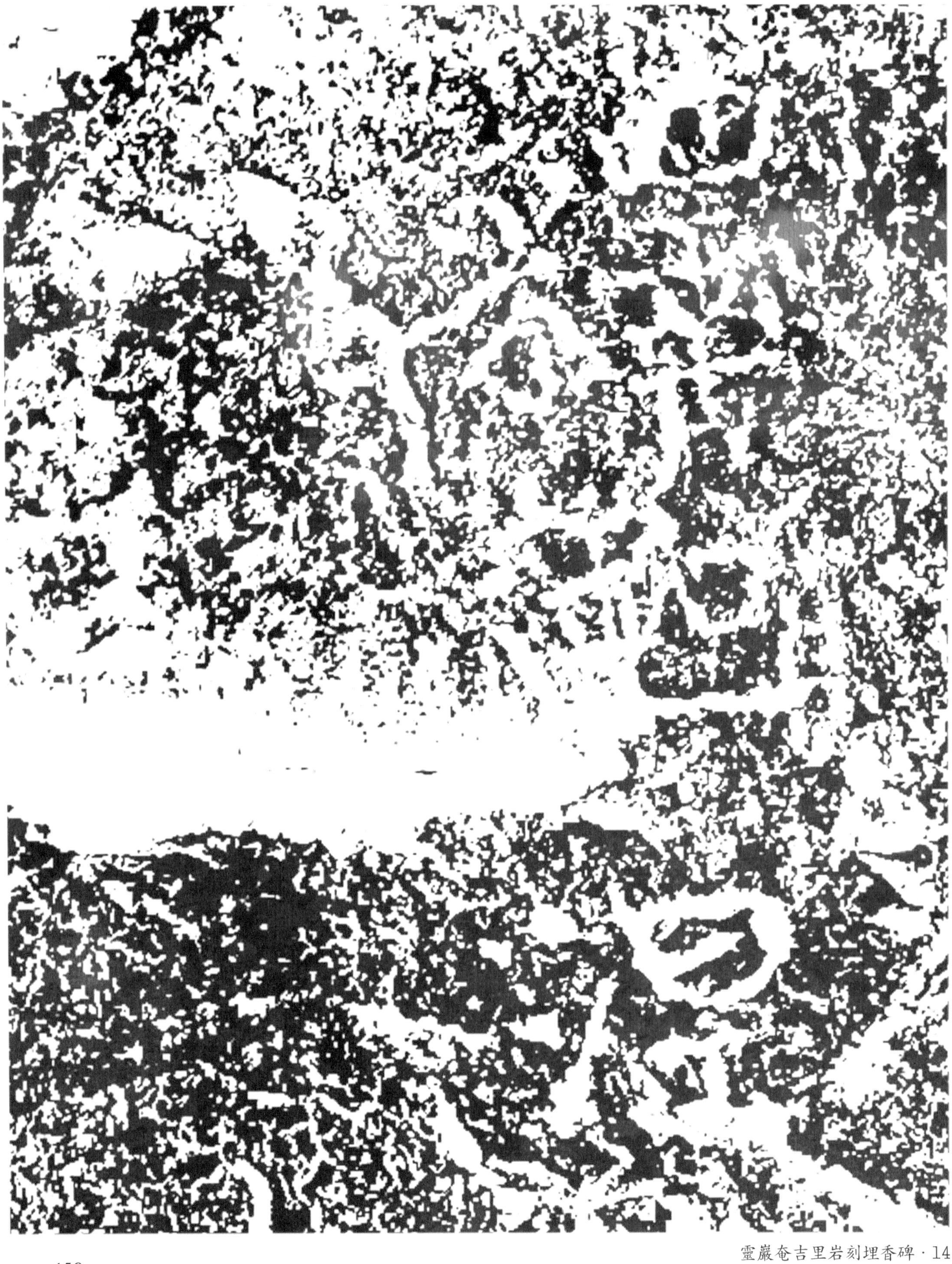

靈巖奄吉里岩刻埋香碑 · 14

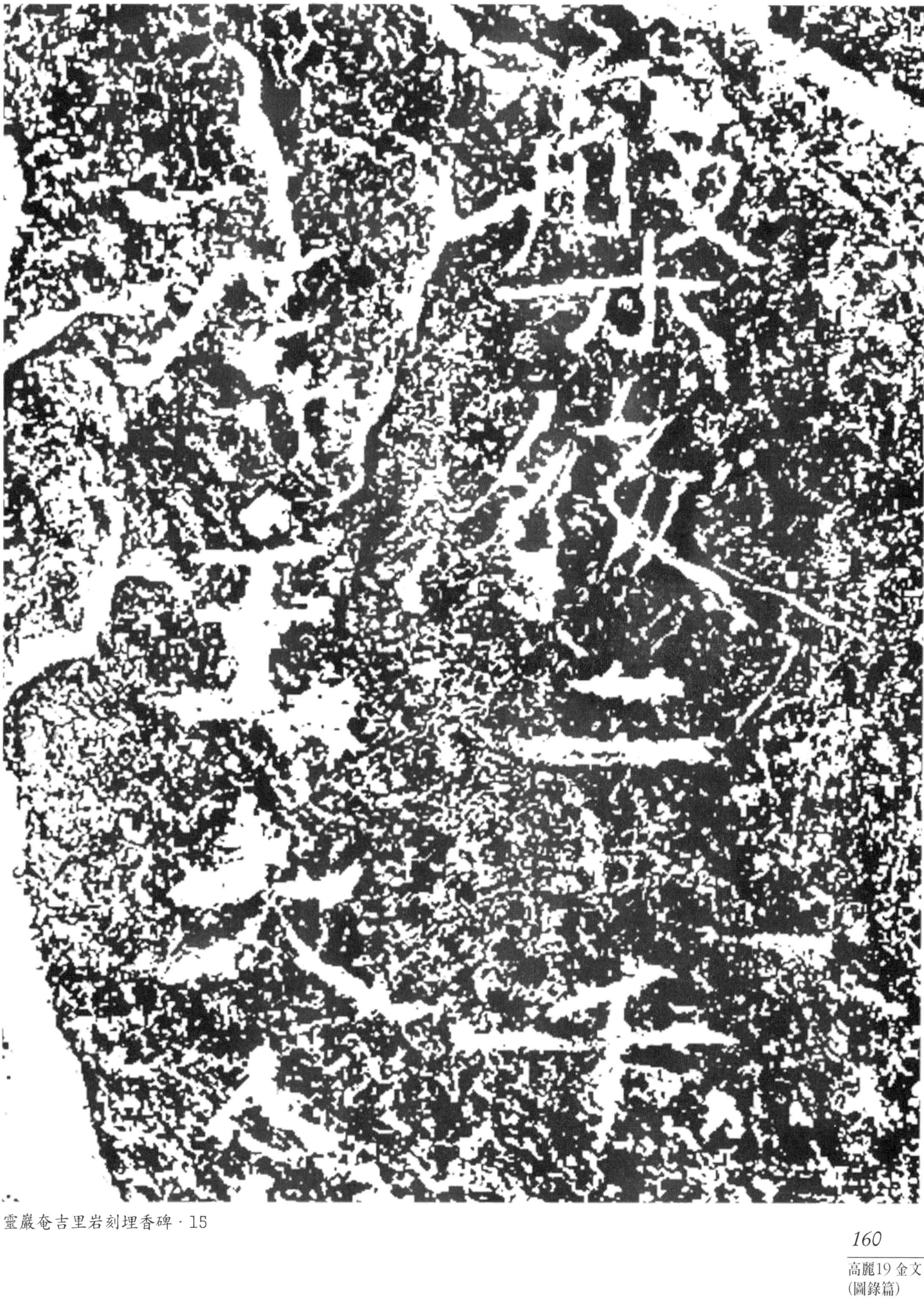

靈巖奄吉里岩刻埋香碑 · 15

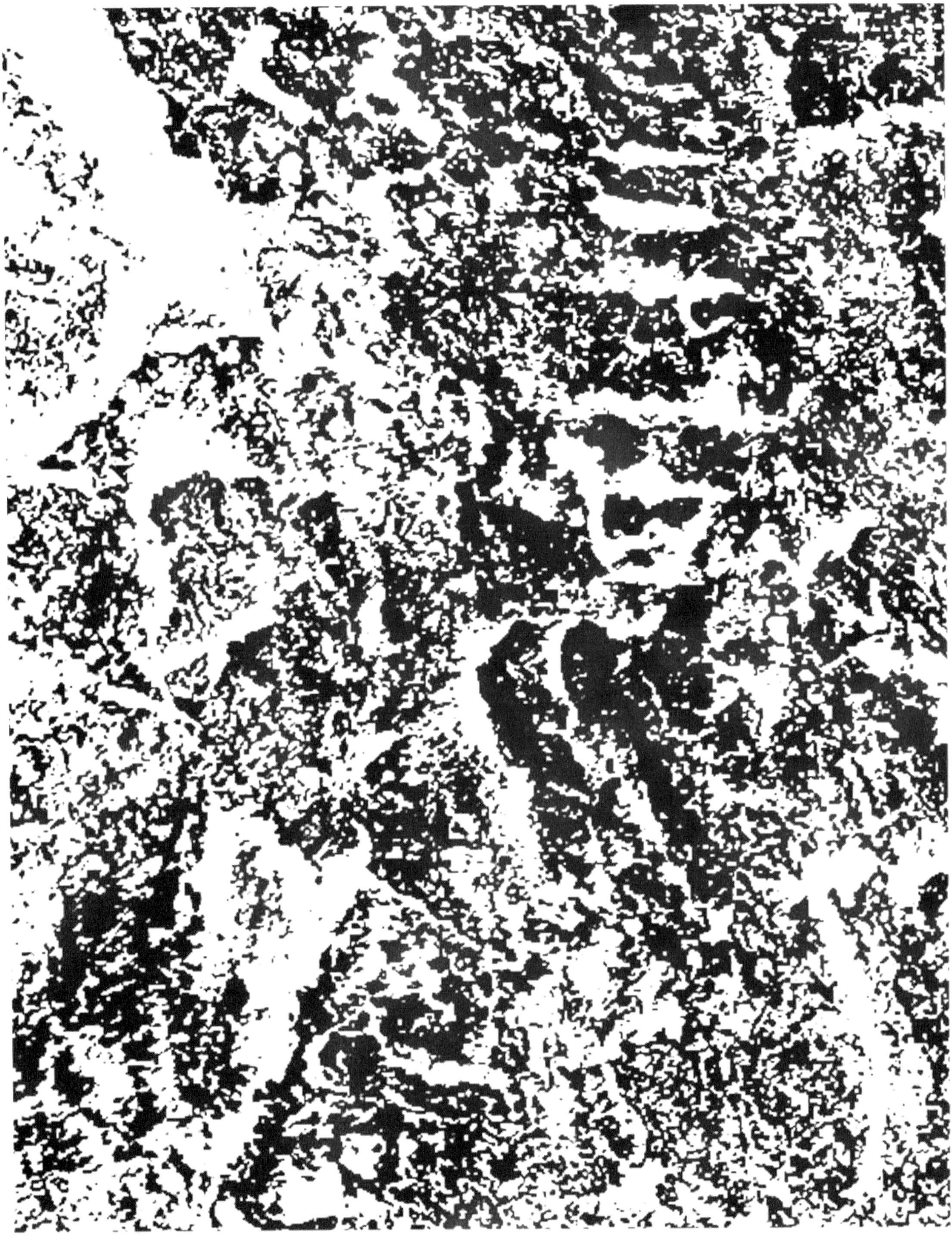

靈巖奄吉里岩刻埋香碑 · 16

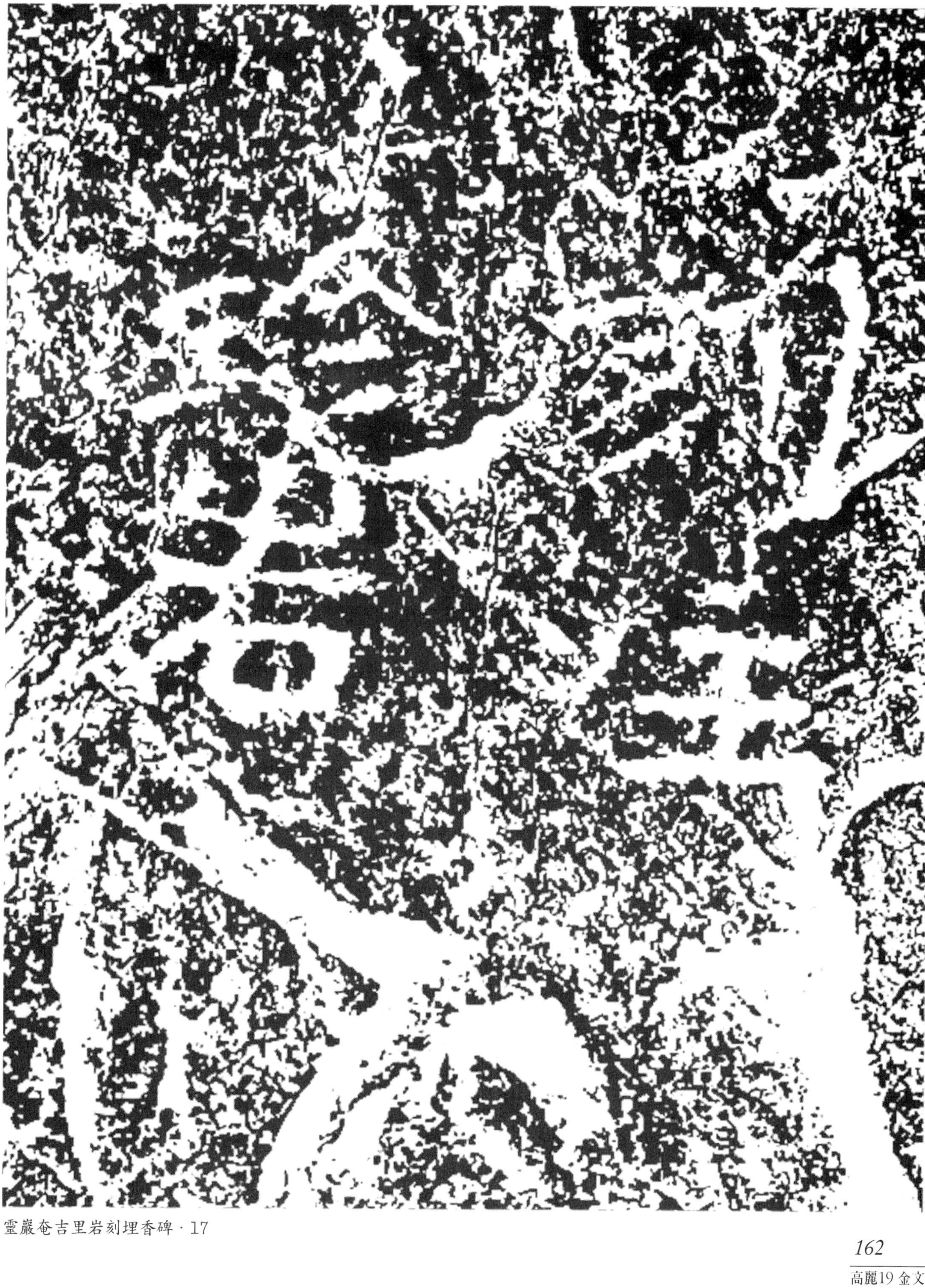

靈巖奄吉里岩刻埋香碑 · 17

三十、重興寺香爐

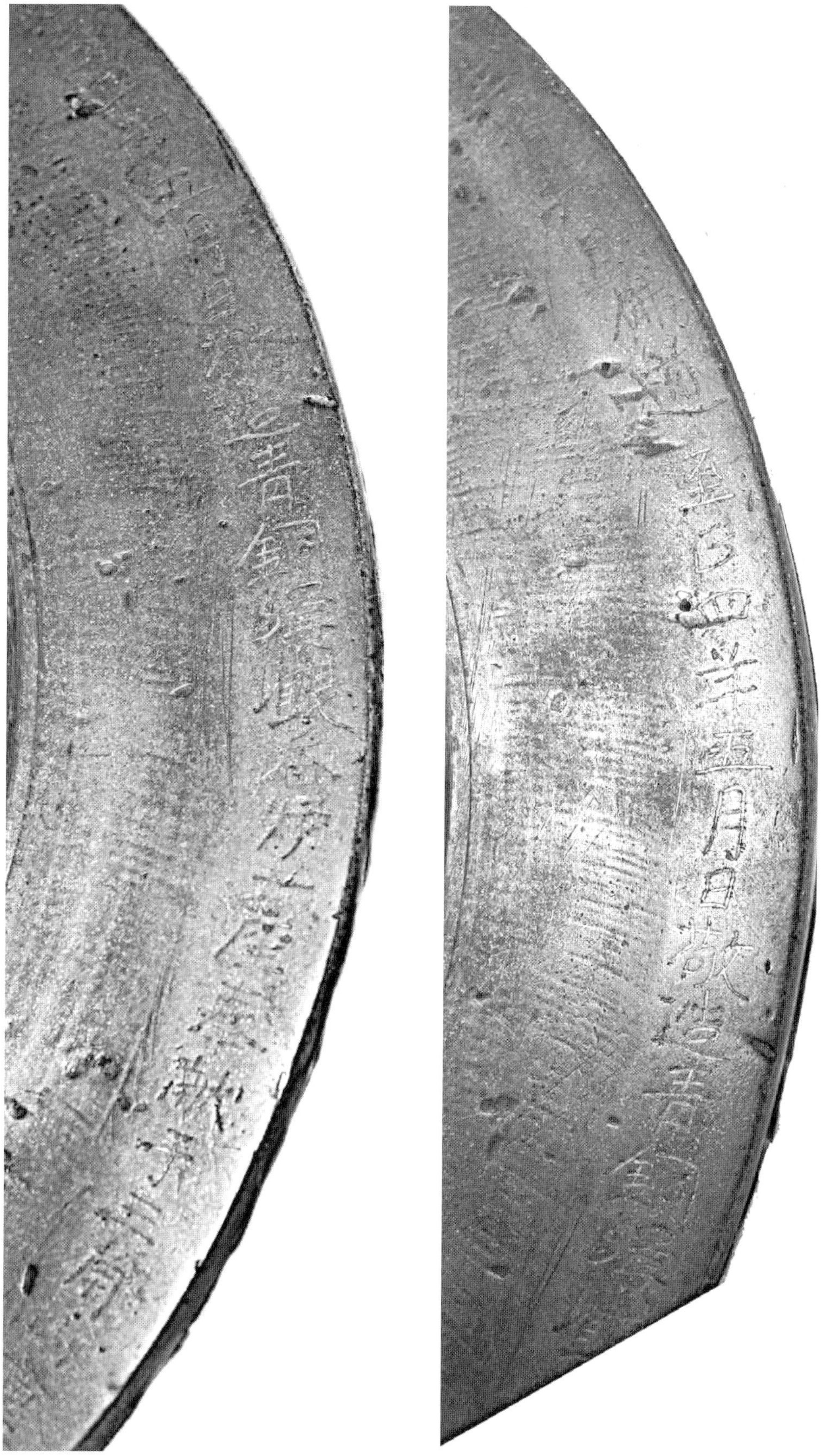

重興寺香爐 · 1

原本 크기의 75%

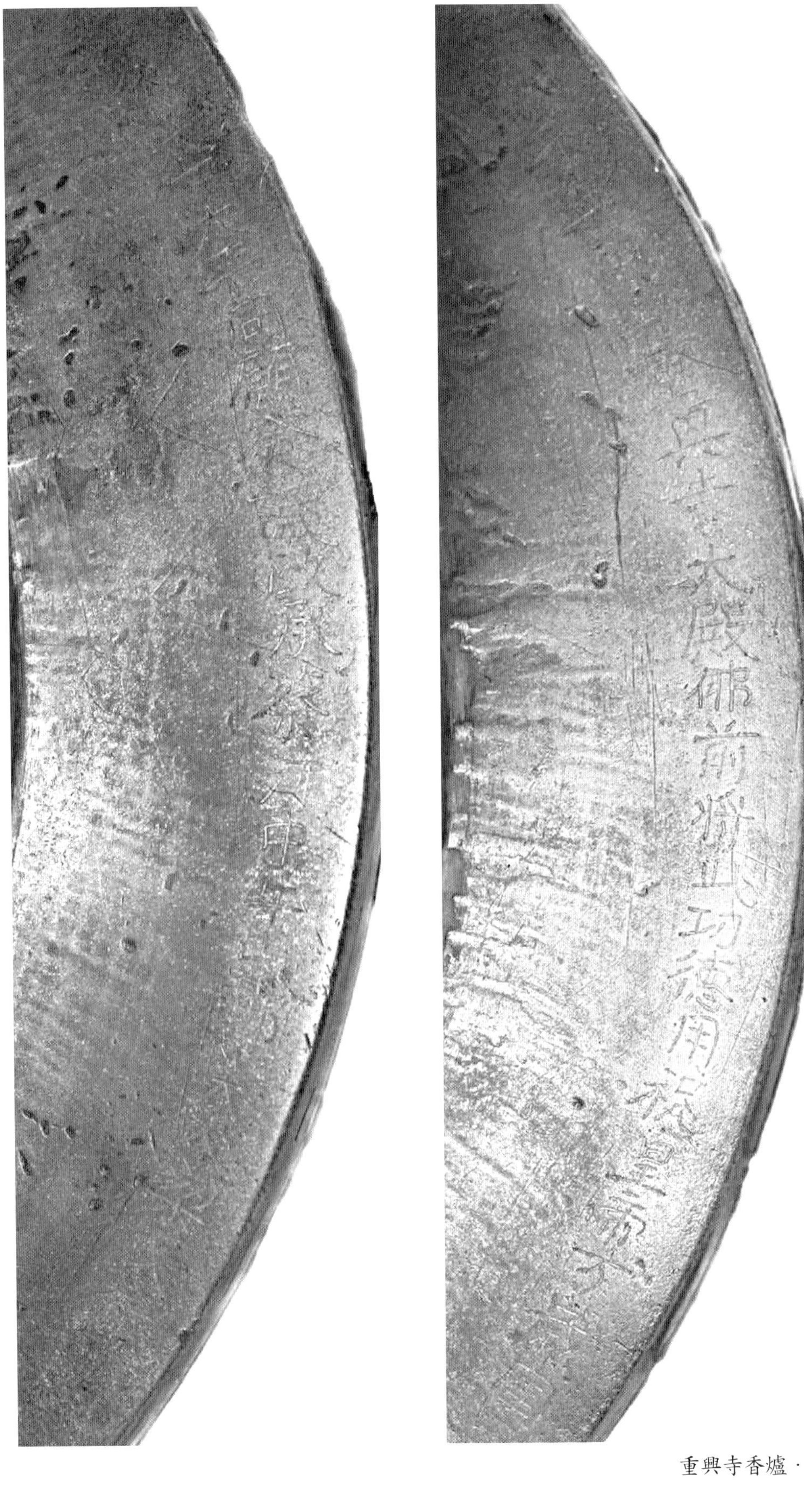

重興寺香爐 · 2

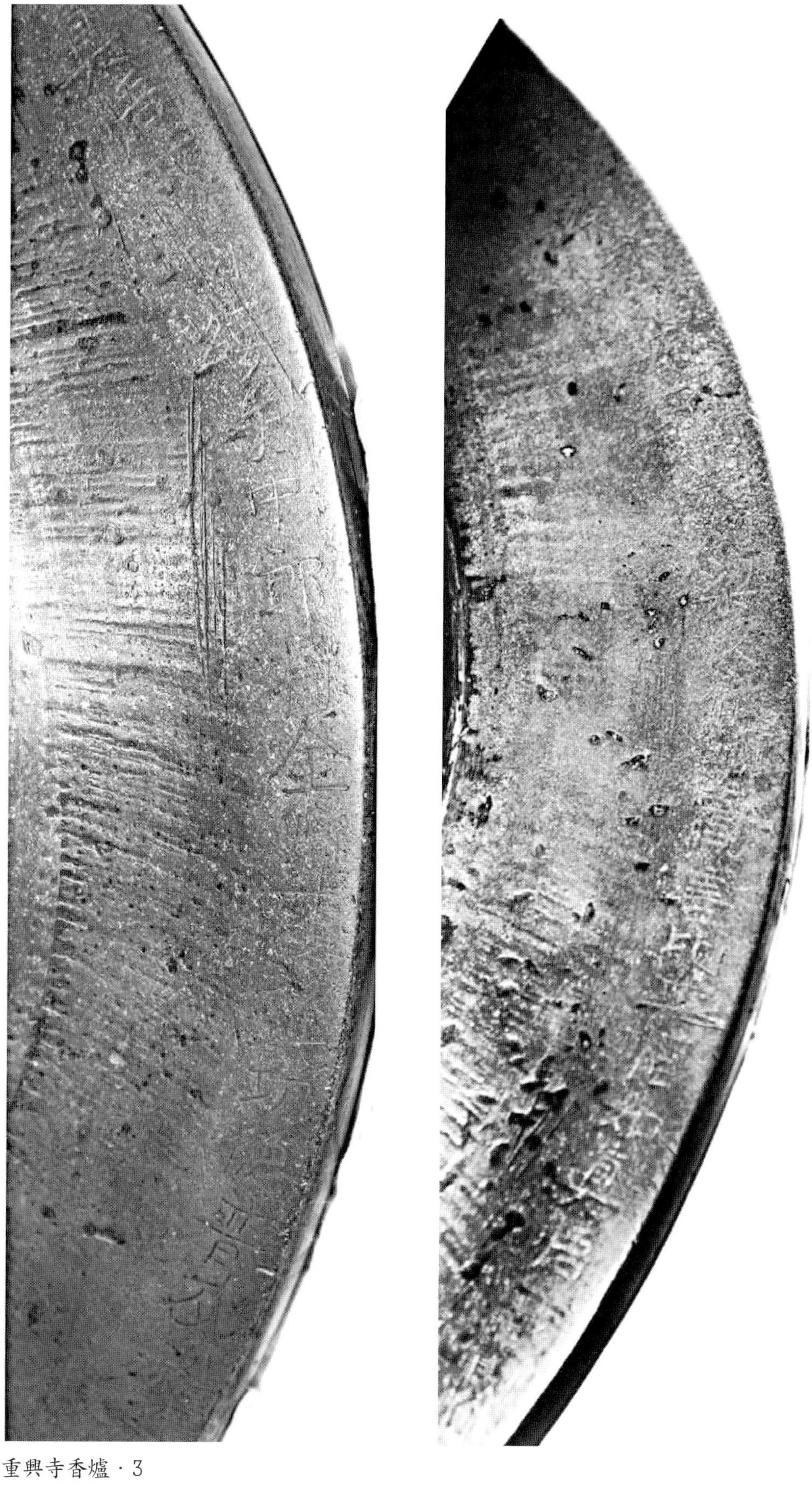

重興寺香爐 · 3

重興寺香爐 · 4

三一、敬天寺10層石塔

敬天寺10層石塔 · 1

原本 크기의 75%

敬天寺10層石塔·2

原本 크기의 80%

敬天寺10層石塔 · 3

原本 크기의 75%

敬天寺10層石塔 · 4

原本 크기의 80%

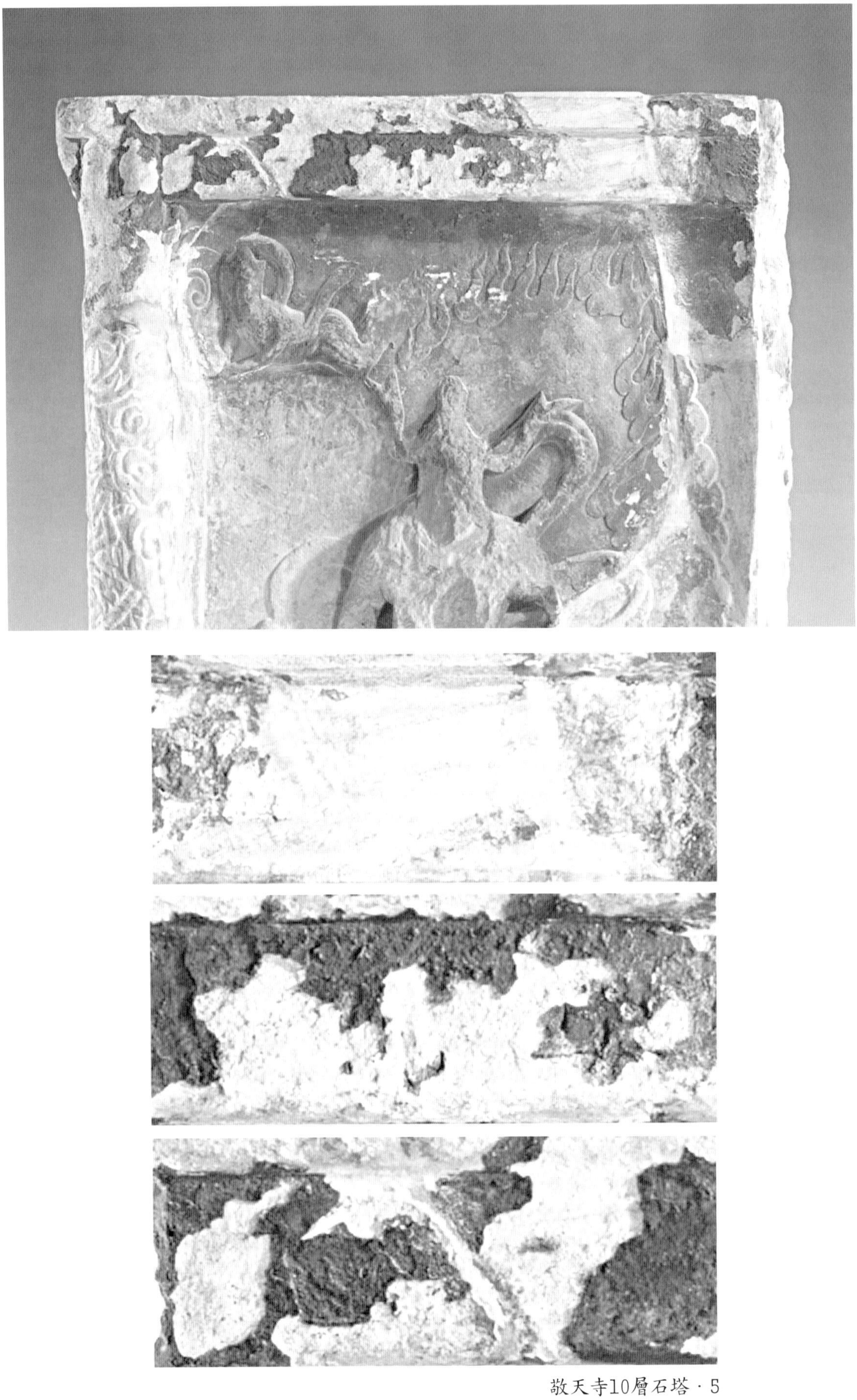

敬天寺10層石塔・5

原本 크기의 80%

敬天寺10層石塔・6

原本 크기의 80%

敬天寺10層石塔 · 7

原本 크기의 80%

敬天寺10層石塔・8

敬天寺10層石塔 · 9

原本 크기의 80%

敬天寺10層石塔 · 10

原本 크기의 80%

敬天寺10層石塔 · 11

原本 크기의 80%

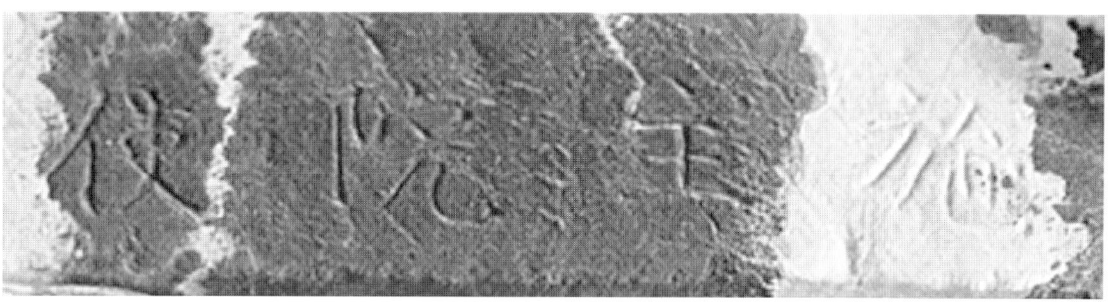

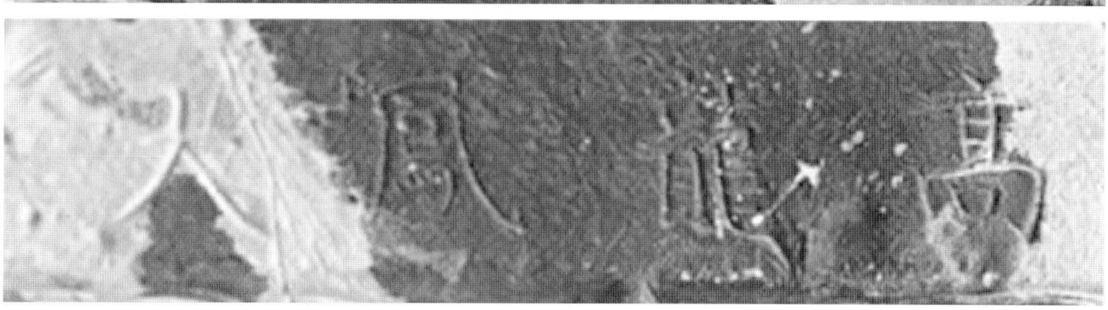

敬天寺10層石塔 · 12

原本 크기의 75%

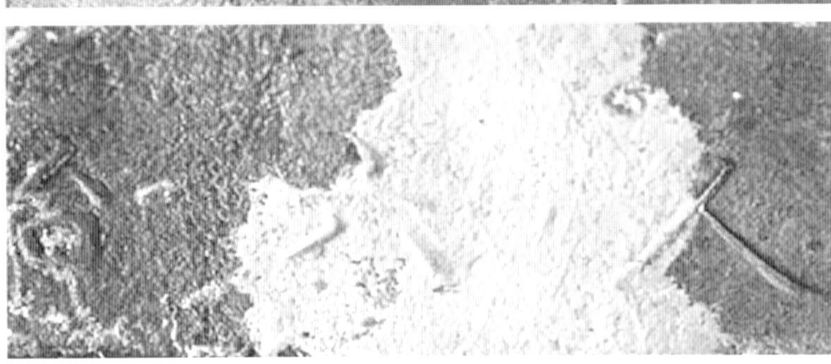

敬天寺10層石塔 · 13

原本 크기의 80%

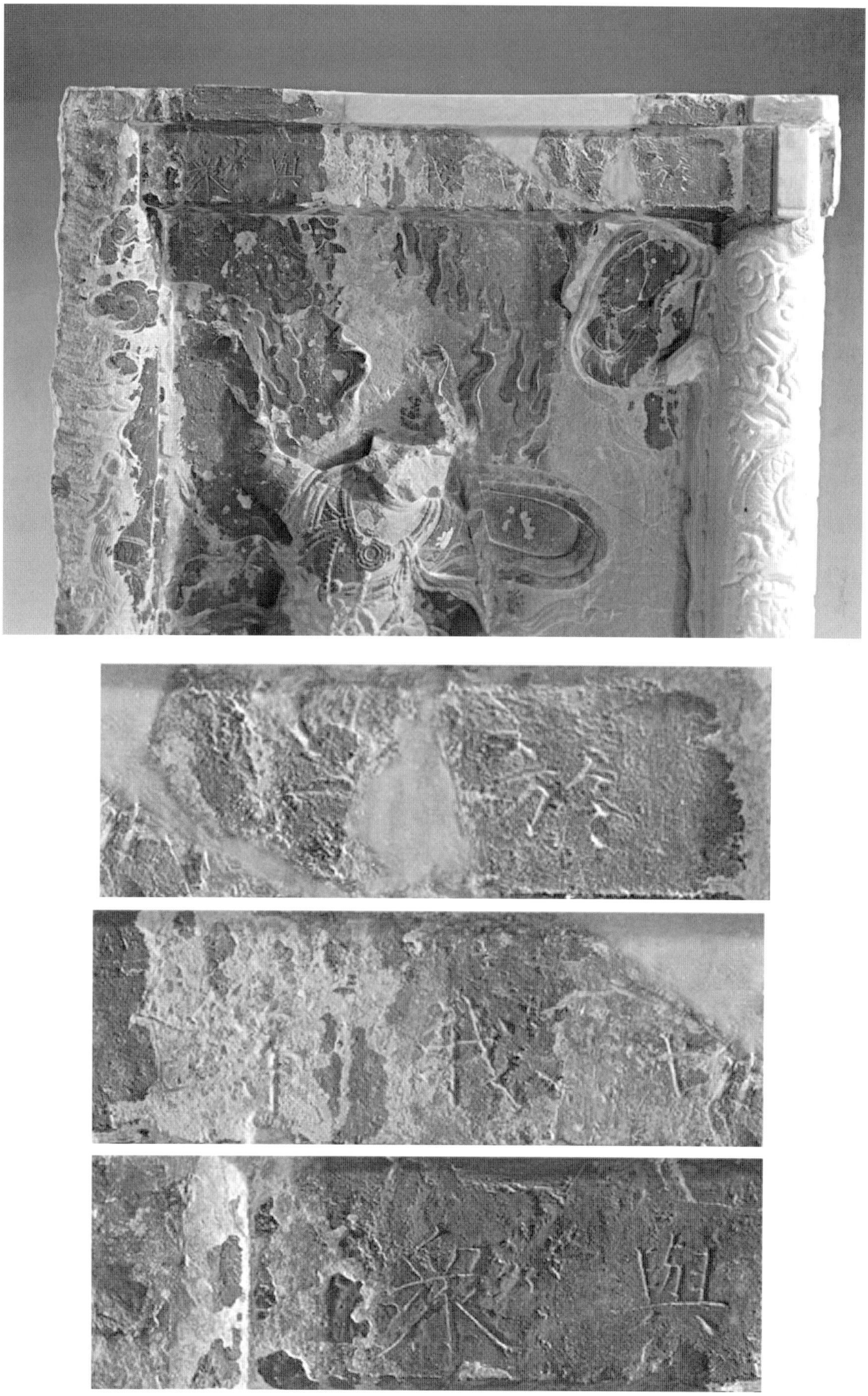

敬天寺10層石塔 · 14

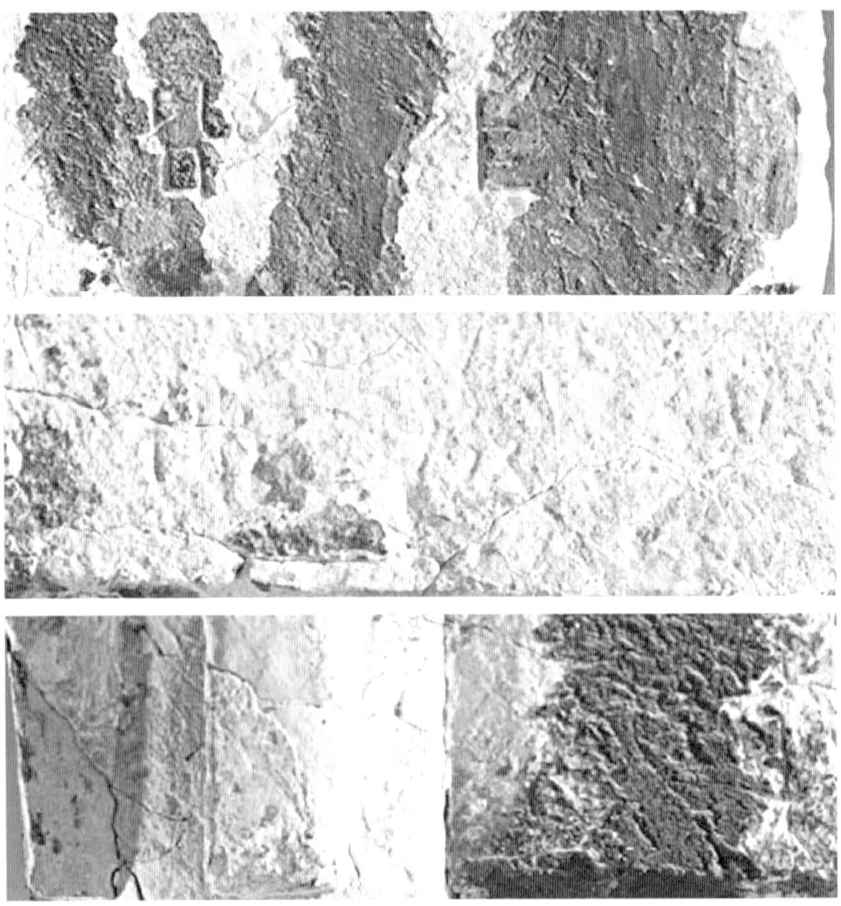

敬天寺10層石塔 · 15

原本 크기의 80%

三二、感恩寺飯子

感恩寺飯子 · 1

感恩寺飯子·2

感恩寺飯子·3

感恩寺飯子 · 4

三三、泗川埋香碑

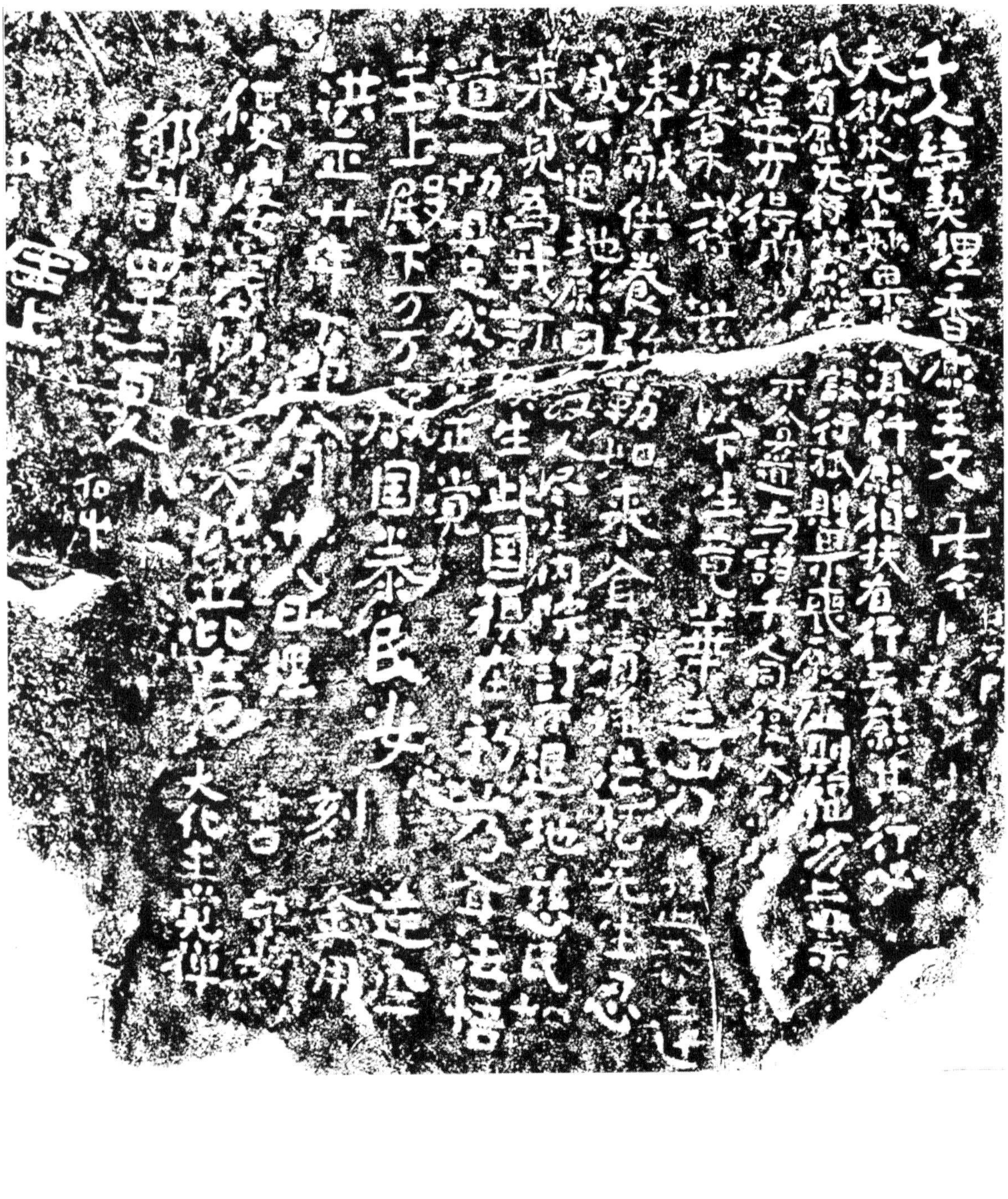

泗川埋香碑 · 1

泗川埋香碑 · 2

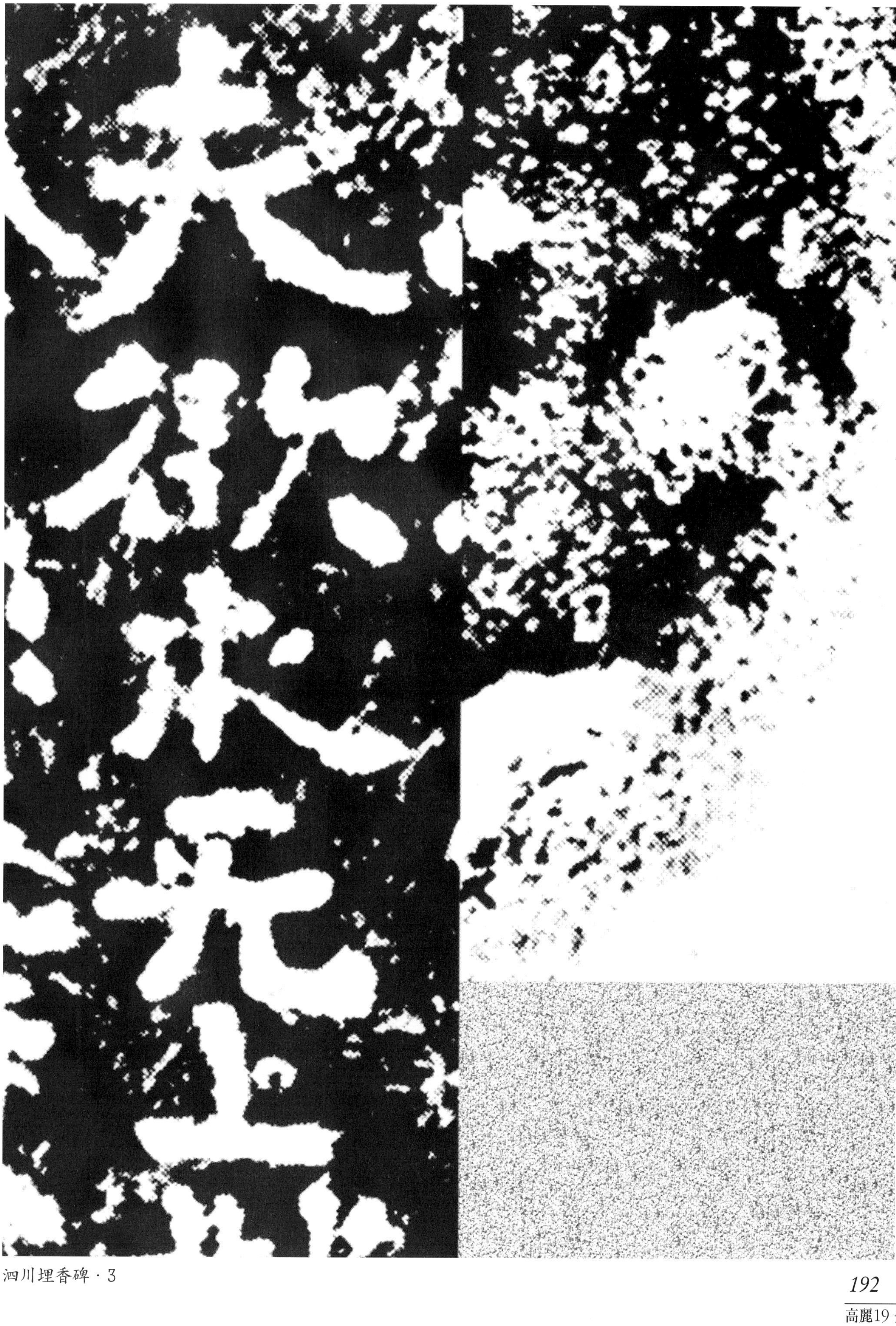

泗川埋香碑 · 3

泗川埋香碑 · 4

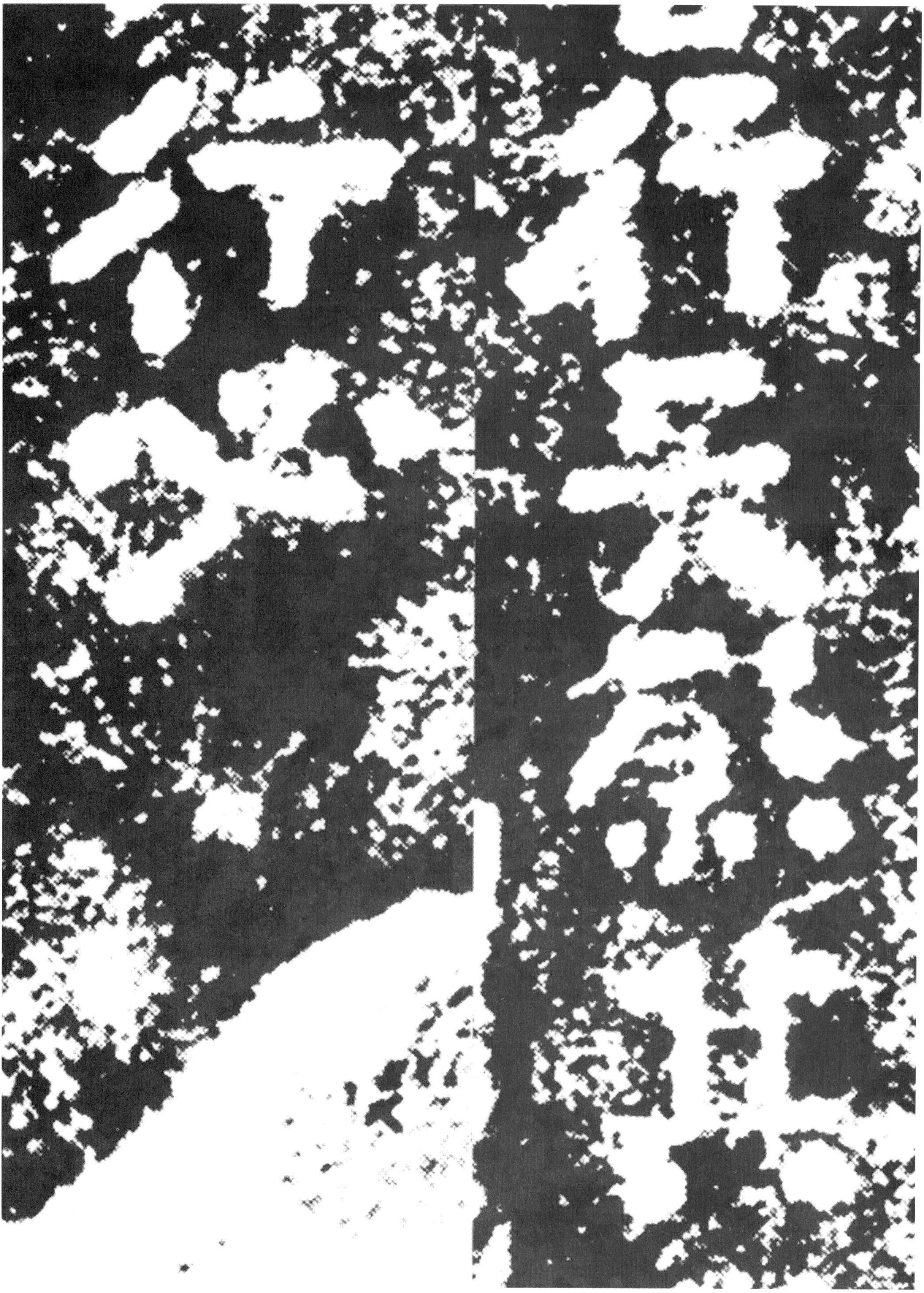

泗川埋香碑 · 5

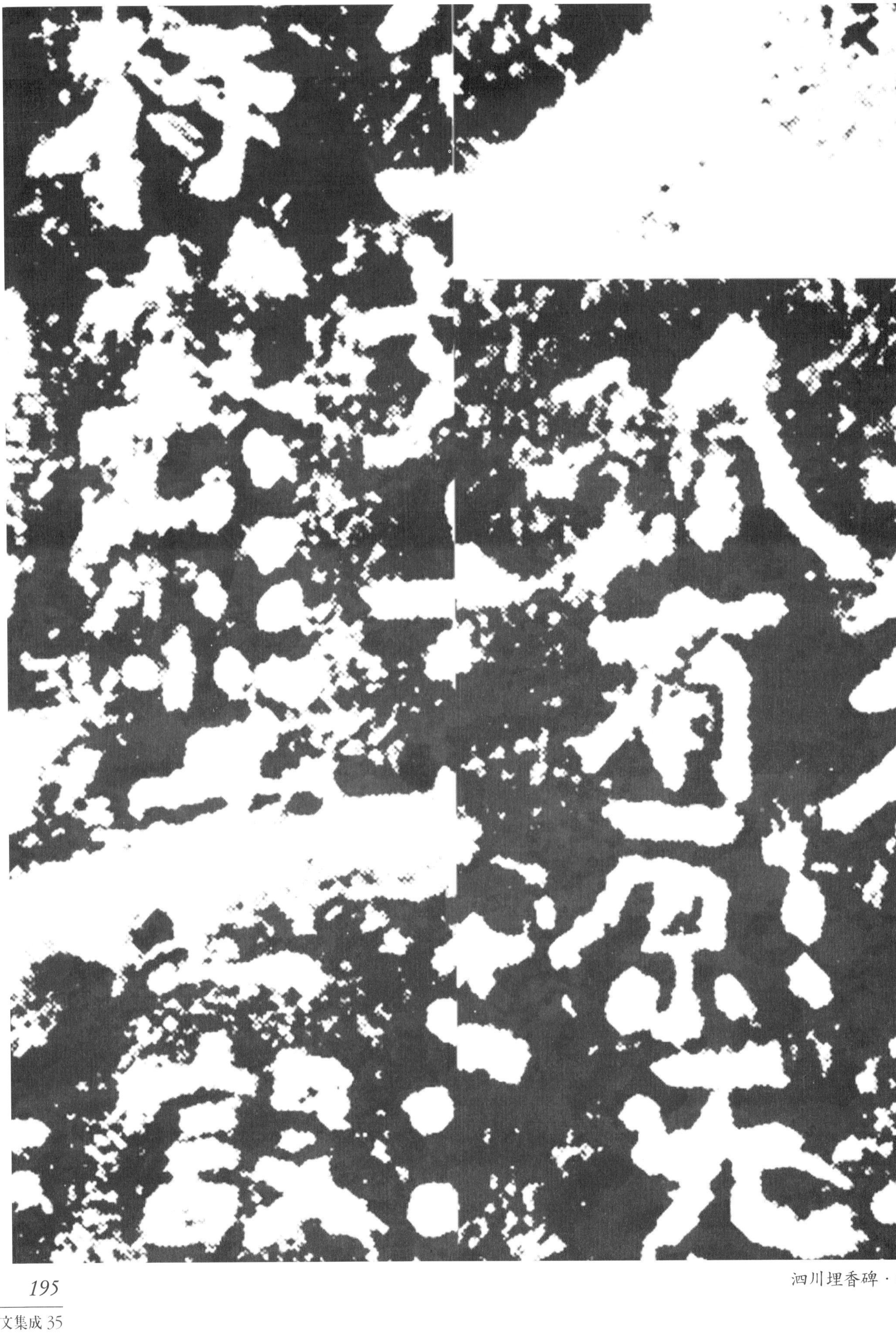

泗川埋香碑 · 6

泗川埋香碑 · 7

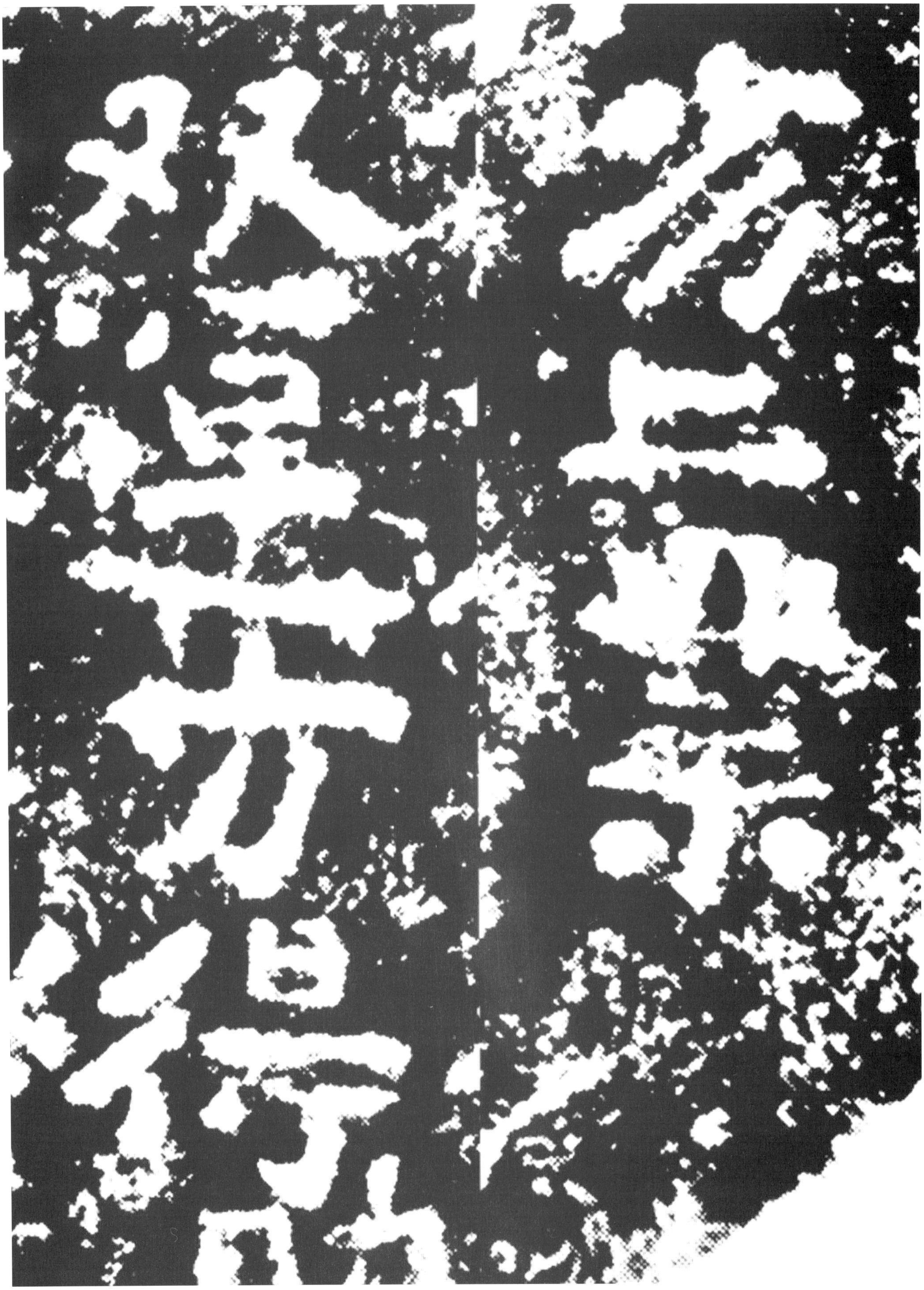

泗川埋香碑 · 8

泗川埋香碑 · 9

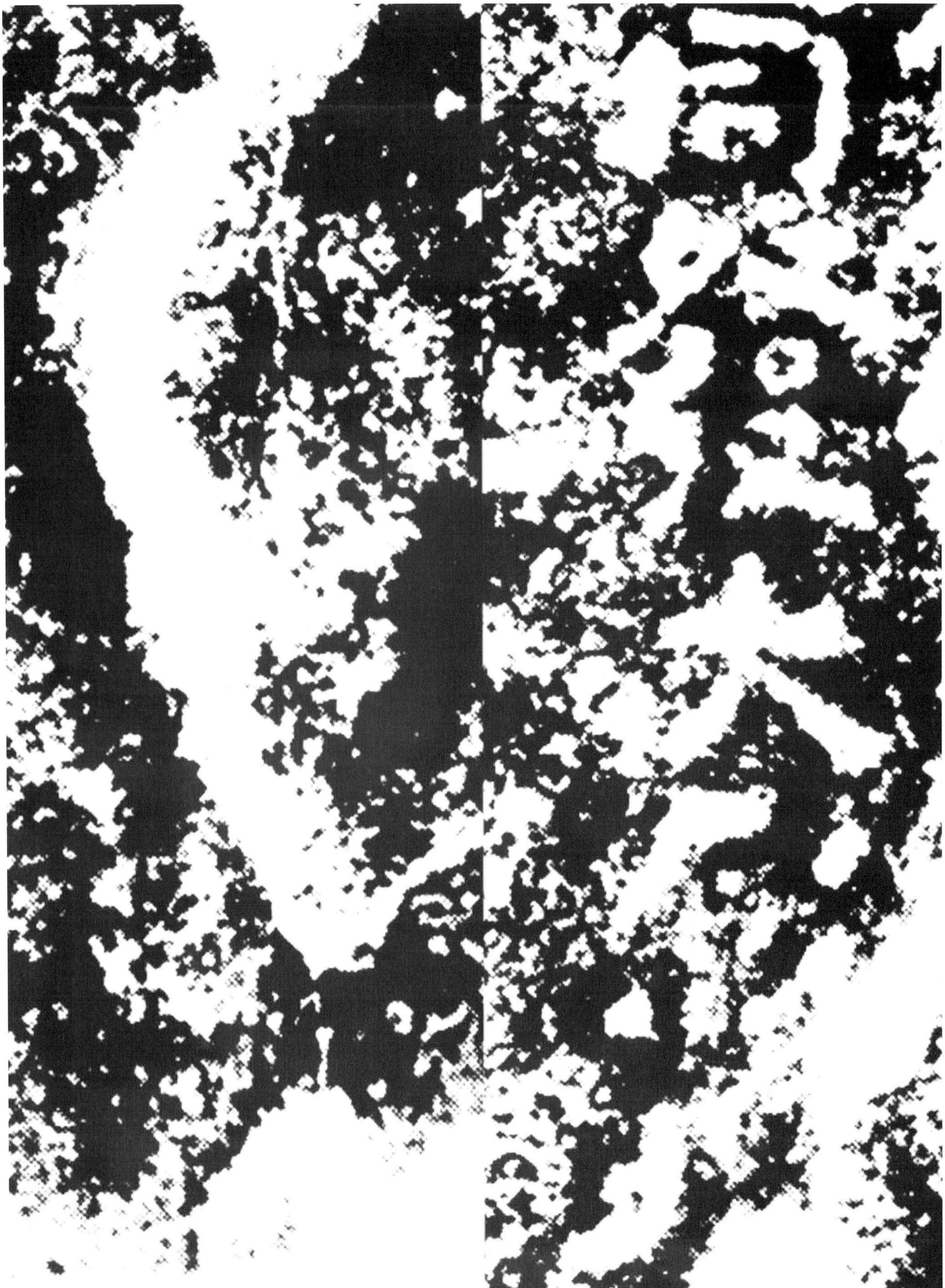

泗川埋香碑 · 10

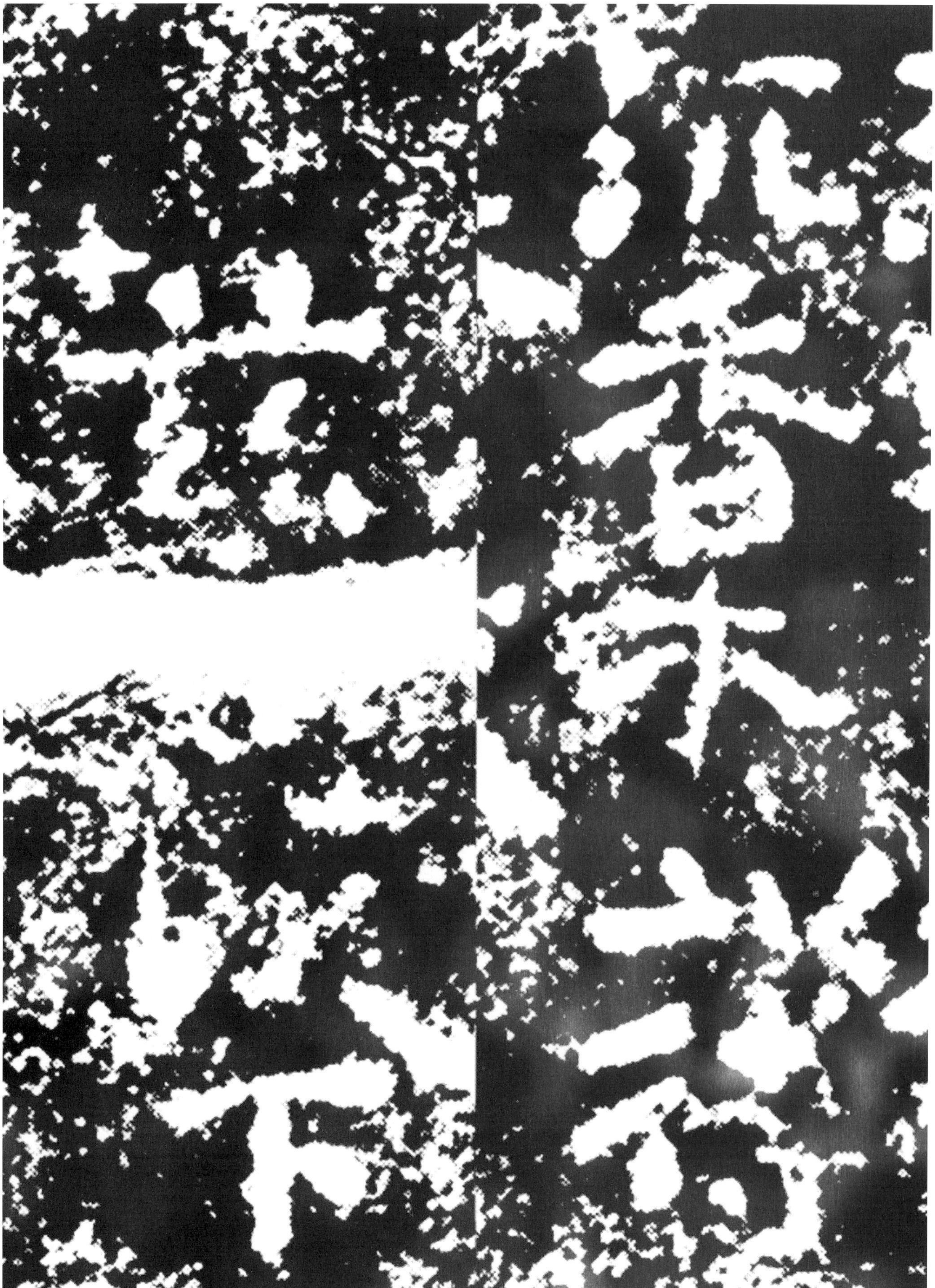

泗川埋香碑 · 11

泗川埋香碑 · 12

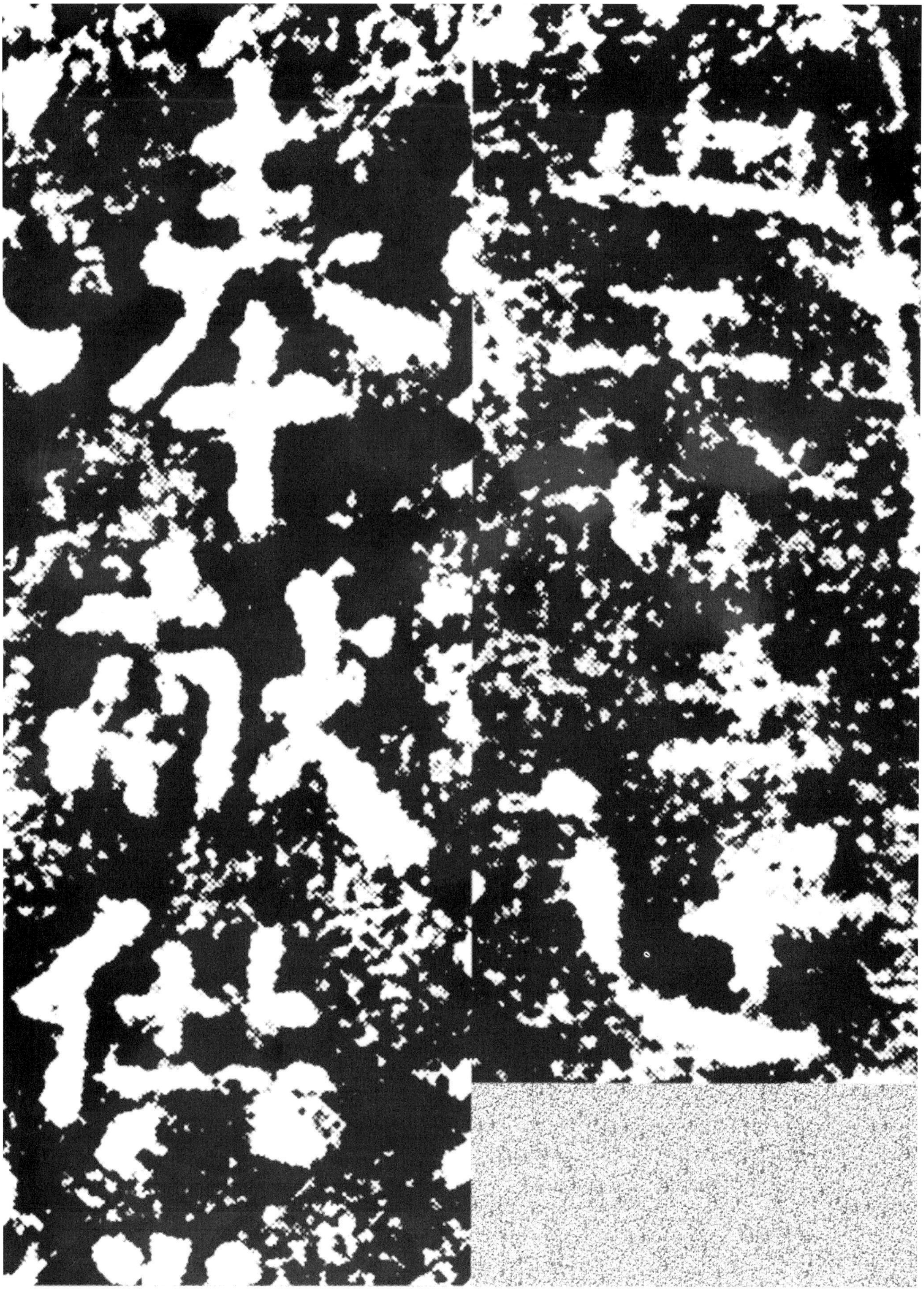

泗川埋香碑 · 13

泗川埋香碑 · 14

泗川埋香碑 · 15

泗川埋香碑 · 16

泗川埋香碑 · 17

泗川埋香碑 · 18

泗川埋香碑 · 19

泗川埋香碑 · 20

泗川埋香碑 · 21

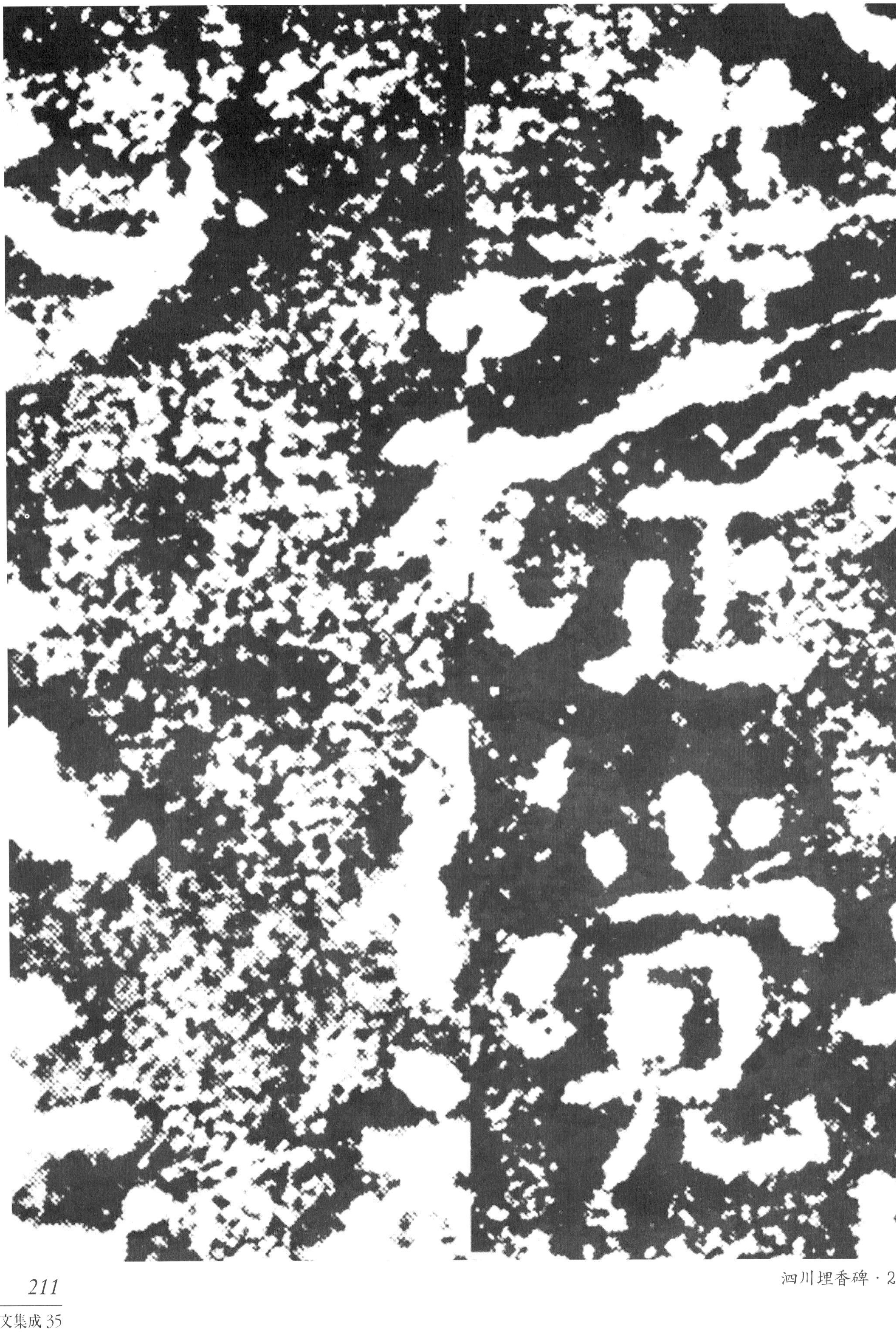

泗川埋香碑 · 22

泗川埋香碑 · 23

泗川埋香碑 · 24

泗川埋香碑 · 25

泗川埋香碑 · 26

泗川埋香碑 · 27

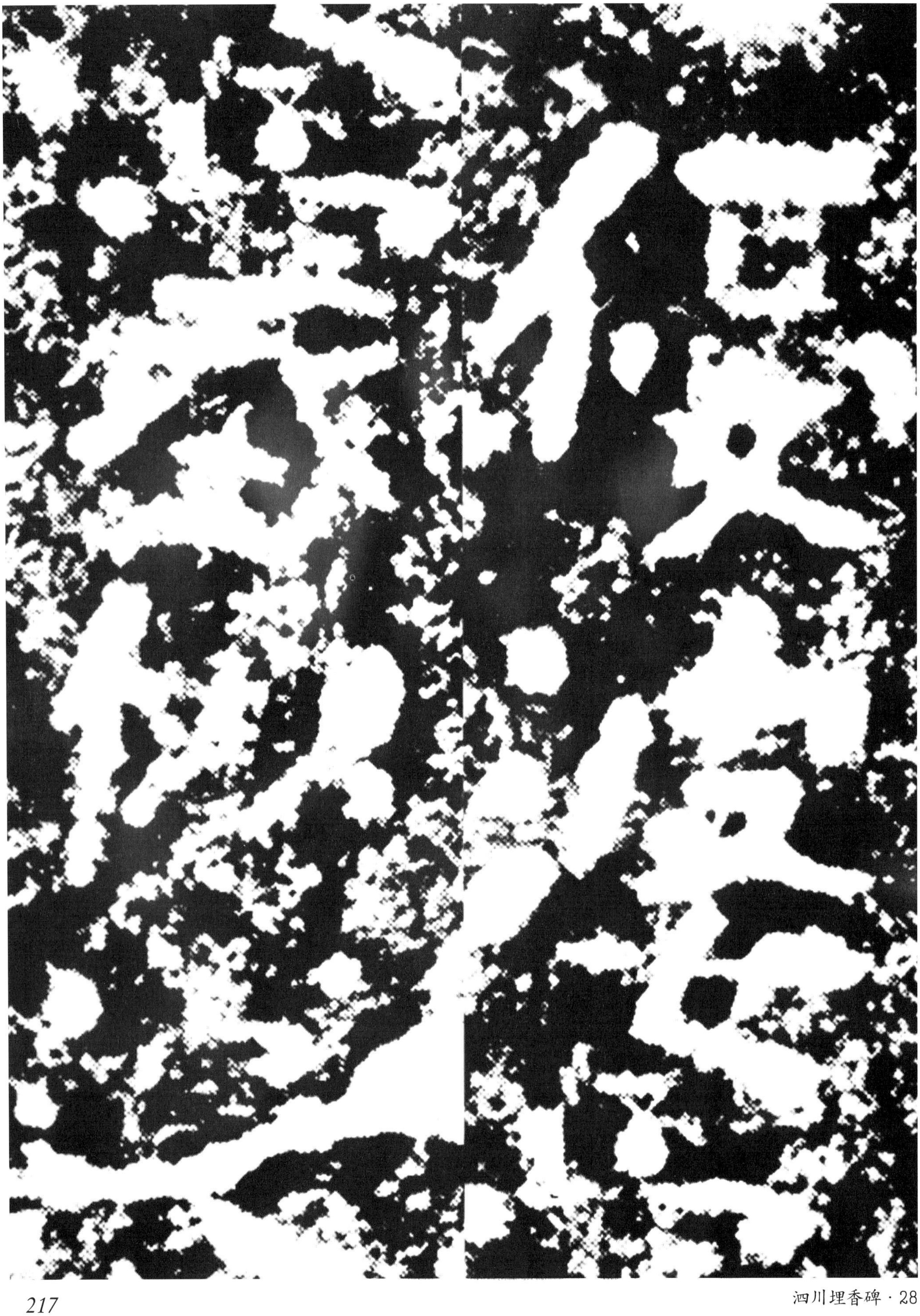

泗川埋香碑 · 28

泗川埋香碑 · 29

泗川埋香碑 · 30

泗川埋香碑 · 31

泗川埋香碑 · 32

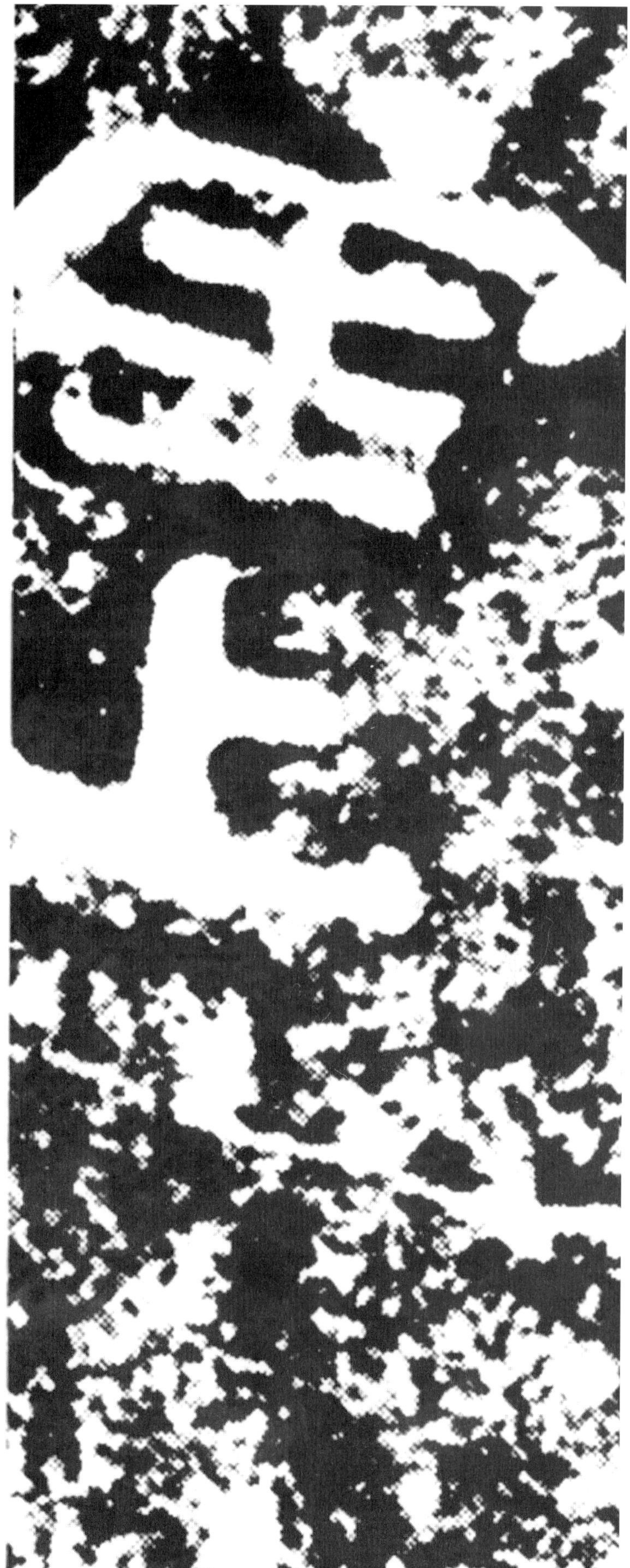

泗川埋香碑 · 33

三四、壬午銘資福寺飯子

壬午銘資福寺飯子·1

壬午銘資福寺飯子 · 2

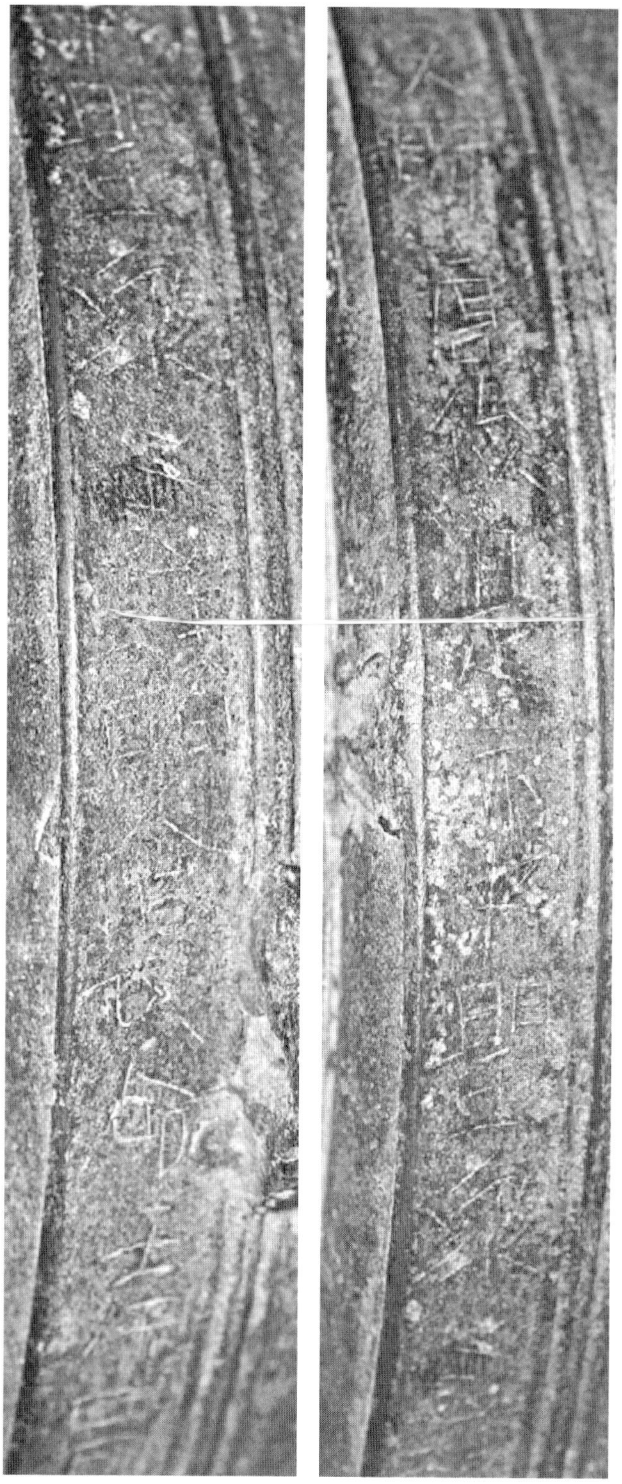

壬午銘資福寺飯子 · 3

(3) 庚申銘香垸

庚申銘香垸 · 1

原本 크기의 60%

(4) 太平十五年銘青銅盤

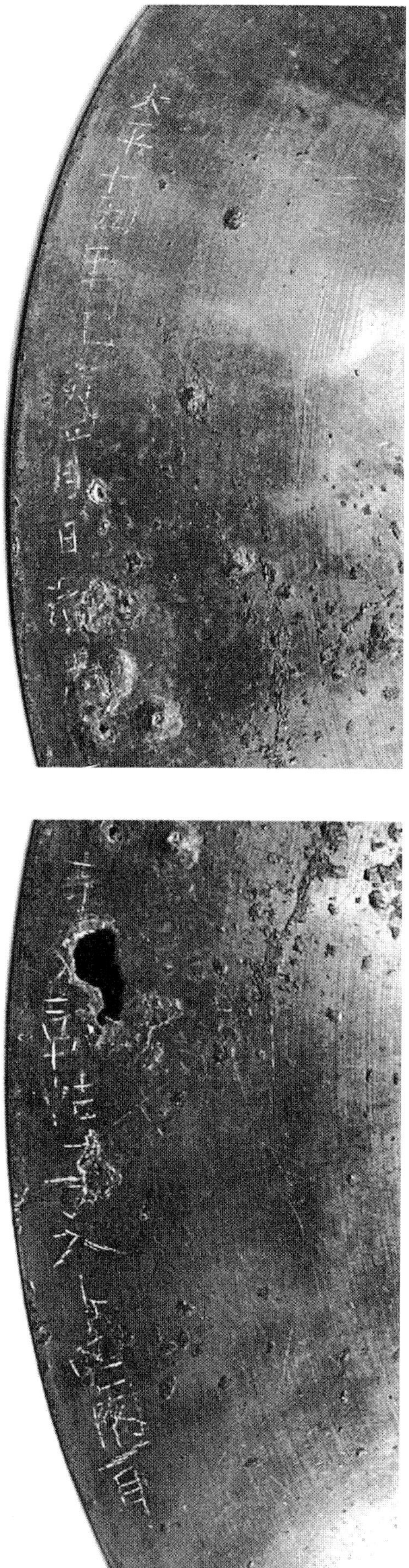

太平十五年銘青銅盤·1

(5) 統和十五年銘青銅鉢盂

統和十五年銘青銅鉢盂 · 1

原本 크기의 60%

(6) 青銅油斗

青銅油斗 · 1

原本 크기의 70%

青銅油斗 · 2

(7) 長信孝銘風鐸

長信孝銘風鐸 · 1

維統和二十三年歲次
乙巳五月二十日東京
寺主高敎之住大
師祖秀和尚時造
千佛祖堂五間千佛